Stefan Broniowski
Philosophie als heitere Wissenschaft
und strenge Kunst

Stefan Broniowski

Philosophie als heitere Wissenschaft und strenge Kunst

Aphorismen

Bibliografische Information der Deutschen Nationalbibliothek: Die Deutsche Nationalbibliothek verzeichnet diese Publikation in der Deutschen Nationalbibliografie; detaillierte bibliografische Daten sind im Internet über dnb.dnb.de abrufbar.

Herstellung und Verlag:
BoD — Books on Demand, Norderstedt

ISBN: 9783757861988

Die Philosophen schreiben für die Professoren,
die Denker für die Schriftsteller.

EMIL CIORAN

I

Warum philosophiert man? Um zu verstehen, was ist. Solches Verständnis kann immer nur das eigene sein. Warum sollte man es anderen vorschreiben wollen? Noch keinem Philosophen ist es gelungen, seine Philosophie als alleinige durchzusetzen. Sollte man daraus nicht die Lehre ziehen, beim Philosophieren ein gewisses präskriptives Generalisieren aufzugeben? Ich denke so und so. Ich schlage euch vor, ebenfalls so und so zu denken. Wenn ihr anders denkt als ich, lasst uns darüber reden und sehen, worin wir uns einig werden können.

Ohne mich kann ich nicht philosophieren. Mehr noch: Ohne mich gibt es mich nicht.

Nicht weil ich so wichtig wäre, sondern weil ich mich nicht loswerden kann, muss ich mich zum Element meines Philosophierens machen.

Es gibt keine Heiterkeit ohne Selbstironie. Nur wer sich selbst nicht ganz ernst nimmt, ist frei.

Die vielleicht wichtigste Freiheit ist die Freiheit von sich selbst. Man muss sich nicht nämlich nur von dem frei machen, wozu man gemacht wurde und noch wird, was einen also bestimmt und prägt, sondern auch von dem, was man sein will, und vom übertriebenen Interesse an sich selbst.

Kein Philosophieren beginnt bei Null. Aber nicht nur die Philosophie hat eine Geschichte, auch der Philosophierende.

Niemand hat das Philosophieren erfunden. Jeder muss sein Philosophieren selbst erfinden. Philosophie ist nicht notwendigerweise subjektivistisch oder individualistisch, aber notwendigerweise subjektiv und individuell.

„Die" Philosophie gibt es nicht. Was es gibt, ist das Philosophieren von Philosophierenden.

Das Philosophieren eines Philosophierenden ist kein unausgesetzter Vorgang, sondern ein Stück- und Flickwerk aus Augenblicken des Denkens. Sie wird also keineswegs kontinuierlich, kohärent, homogen sein.

„Die" Philosophie als das geordnete Ganze aller Denkbewegungen, gar als *philosophia perennis*, ist ein Phantasma, das Hirngespinst eines Großen Diskurses, der aber niemals konkret werden kann. Zu vielfältig und widersprüchlich ist jede ehrliche Philosophiegeschichte. Der einzelne Philosophierende oder die Institution mag einen solchen Diskurs simulieren, aber real werden kann er nicht.

Man philosophiert um seiner selbst willen. Alle Philosophen haben es getan, was ja gerade nicht heißt, ihr Philosophieren sei ohne jeden Wert für andere. Im Gegenteil, je ehrlicher, genauer und erfindungsreicher man sein Philosophieren als *sein eigenes* Philosophieren vollzieht, desto stärker kann die Anregung für andere Philosophierende sein.

Man philosophiert, um sich selbst zu erfinden, ob man das nun weiß oder nicht.

Denken ist persönlich und unvertretbar.

Die Philosophie unterscheidet sich als Universalwissenschaft auch dadurch von den Einzelwissenschaften, dass sie nicht stellvertretend betrieben werden kann. Es ist nicht nötig, dass einer selbst zum Chemiker oder Historiker wird, damit er die Erkenntnisse der Chemie oder der Geschichtswissenschaften nutzen kann. Um aber das, worum es in der Philosophie geht, verstehen zu können, muss man selbst philosophieren. Denn es gibt zwar gewiss „Resultate" des fachphilosophischen Betriebes, die im Grunde nur diesen selbst betreffen und nur für Fachphilosophen relevant sind. Aber ansonsten hat die Philosophie als Wissenschaft keine Ergebnisse, die übernommen werden könnten, ohne dass man den Weg, der zu ihnen geführt hat, wenigstens ein Stück weit nachginge.

Philosophieren ist etwas, was man selbst tun muss, man kann es nicht delegieren. Wenn also Philosophie Not täte, wieso sind dann nicht alle Philosophen? Aber sie sind es ja! Freilich nicht alle im engeren Sinne, nur die wenigsten als Berufsphilosophen, aber doch jeder in dem Maße, in dem ihm Philosophie möglich ist und nötig erscheint.

Wer nur nachspricht, was er von anderen gehört zu haben meint, muss sich fragen lassen: „Wo lassen Sie denken?"

Niemand denkt, was ich denke, aber ich kann versuchen, die mir mitgeteilten Gedanken anderer zu verstehen und meine eigenen Gedanken mitzuteilen. Das von anderen Gedachte löst sich in meinem Denken auf und setzt sich neu zusammen. Ich habe es mir übersetzt; dabei ist es nicht dasselbe geblieben. Indem ich es mir aneigne (noch nicht unbedingt zu eigen mache), verändere ich es schon.

Man muss begreifen, dass man sich seine Begriffe stets selbst machen muss. Man wird zwar versuchen, einiges aufzugreifen, bekommt es dann aber doch anders zu fassen. Es gibt nicht zwei Denker, die ein und denselben Begriff genau gleich setzen, mit denselben Ausdrücken genau dasselbe sagen wollen.

Wer philosophiert, ersetzt nicht das eigene Denken durch einen „objektiven", unpersönlichen Diskurs und ebenso wenig das Denken anderer. Nur wer als er selbst und damit auf andere hin denkt, philosophiert.

Niemand denkt für sich allein. Wo es nicht verkümmert und verwirrt ist, ist Denken immer, wenn auch meist nur implizit, ein An-Andere-Denken.

Zu philosophieren heißt gerade nicht, so zu denken, wie alle denken. Wie könnte es dann heißen, so zu denken, wie alle denken sollten?

Es liegt in der Natur der Sache, dass es mehr schlechtes, das heißt: ungenügendes, sich seiner Unterlassungen (oder Übergriffe), seiner blinden Flecke nicht bewusstes Philosophieren gibt als rundum gelingendes. Als notwendig individuelles und subjektives Tun ist die Philosophie fehlerhaft, wie es die Menschen sind, die sich ihr widmen.

Alles Unglück in der Philosophie rührt von der Überheblichkeit der Philosophen her, nicht von ihrer Unfähigkeit.

Philosophie kann sich nicht damit begnügen, herauszufinden, was sich von selbst versteht. Sie muss auch ergründen, warum etwas als selbstverständlich gilt und was das bedeutet.

Philosophie wird schwerlich zu einem besseren Leben verhelfen. Aber hoffentlich zu einem besser verstandenen.

Ich bin für eine Philosophie des ganzen Menschen, nicht nur des menschlichen Bewusstsein, gar nur des Körperdinges „Mensch" mit Bewusstseinsfunktion. Der ganze Mensch soll es sein, von dem und zu dem die Philosophie spricht: der denkt und handelt, aber auch träumt, betet, lacht, weint, schwitzt, tanzt, blutet, taumelt usw. usf., der Mensch mit Vorurteilen, Ahnungen, Geschichten, Hoffnungen und Befürchtungen, Neigungen und Abneigungen.

II

Die entscheidende Frage lautet nicht: Was ist Philosophie? Oder: Was war Philosophie? Sondern: Was könnte Philosophie sein? Was will ich daraus machen und was hat das mit dem zu tun, was andere als Philosophie betreiben oder betrieben haben?

Philosophie ist nichts anderes als der (oft mit großem Aufwand betriebene) Versuch nachzuweisen, dass X nichts anderes als Y (oder vielmehr eben X) ist.

Man werfe einem Philosophen nie vor, was er sage, sei banal, trivial, tautologisch oder selbstverständlich. Denn genau darauf kommt es in der Philosophie an: nachzuweisen, was sich ohnehin von selbst versteht (oder verstehen sollte).

Das philosophische Wissen ist eines, dass man eigentlich schon hatte, nur wusste man das nicht. Oder vielmehr: Man wusste es, wusste aber nicht, dass man es wusste.

Philosophie hat es mit Selbstverständlichkeiten zu tun: Entweder will sie sie bekräftigen oder widerlegen oder beides.

Philosophieren besteht einerseits darin, sich selbst etwas verständlich zu machen. Es wird sich darum tunlichst (aber nicht notwendigerweise) mit dem Verständnis anderer — dem, was andere verstanden zu haben meinten — befassen. Es kann, soll oder will dieses aber vernünftigerweise nicht ersetzen (in dieser Hinsicht sind fast alle Philosophen unvernünftig), möchte es freilich gegebenenfalls berichtigen.

Philosophieren besteht zum anderen darin, etwas, was für verstanden, gar für selbstverständlich gehalten wird, mit Gründen als unverstanden, unverständlich oder zumindest nicht selbstverständlich zu erweisen.

Philosophie soll nicht die Welt erklären, sondern die Erklärungen der Welt kritisch betrachten.

Philosophie ist ein Versuch, die Welt zu verstehen, auf der Grundlage der Erfahrung, die Welt nicht verstanden zu haben. Mehr noch: auf der Grundlage der Entdeckung, dass andere die Welt auch nicht verstanden haben.

Zwei Tendenzen des Philosophierens: Selbstverständlichkeiten abbauen oder aufbauen.

Beides kann Philosophie sein: Das eigene Denken dazu benützen, das Denken anderer in Frage zu stellen. Das Denken anderer dazu benützen, das eigene Denken in Frage zu stellen.

Gegenstand der Philosophie ist nicht die Welt als solche, sondern die Verhältnisse der Menschen zu Welt. Nicht wie die Dinge sich verhalten, sondern wie Menschen sich zu sich, zu einander und zu den Dingen verhalten, ist Sache der Philosophie. Nämlich nicht als ein von außen zu betrachtendes Geschehen, sondern als gelebtes Verständnis. Sich zu jemandem oder etwas zu verhalten, begründet eine Weise des Verstehens — und umgekehrt. Davon handelt die Philosophie.

Was nützt mir das?, fragt der Nichtphilosoph bezüglich der Philosophie. Was ist Nützlichkeit und warum strebt man sie an?, fragt die Philosophie zurück.

Philosophie ist nichts, was man braucht. Philosophie ist etwas, das man will, wenn man bemerkt, dass es sie gibt.

Die Leute glauben, philosophische Fragen seien etwas Nachträgliches, Abstraktes, Lebensfernes. Das stimmt insofern als man im gelebten Leben nicht mit dem Philosophieren beginnt, sondern mit dem alltäglichen Besorgen. Man fragt: Welche Zutaten brauche ich, um diesen Kuchen zu backen, und habe ich sie alle zu Hause? Man fragt nicht: Was ist ein Kuchen? Was heißt Backen? Und sollte ich statt Kuchen zu backen nicht besser etwas anderes machen? Das ändert aber nichts daran, dass das scheinbar rein Pragmatische das Philosophische impliziert. Wer fragt, welche Zutaten er für einen Kuchen braucht, setzt voraus, dass von Kuchen und Zutaten sinnvoll die Rede ist, dass eine Kausalität von Zutat, Backen, Kuchen besteht. Usw.

Mir ist es nicht um allgemeine Prinzipien zu tun, unter die alles Besondere zu subsumieren wäre, sondern um die Besonderheit des Allgemeinen, um die grundsätzliche und Grund stiftende Einmaligkeit und Einzigartigkeit dessen, was ist.

Philosophie ist für mich Wissenschaft von den Gegebenheiten des Wirklichen als des Besonderen, Einmaligen, einzigartigen, Unwiederholbaren.

Philosophie soll, wie jede Wissenschaft, sagen, was ist. Aber anders als jede andere Wissenschaft (die Moraltheologie vielleicht ausgenommen) soll sie auch sagen, was sein soll; dann ist sie Ethik.

Vielleicht nenne ich „Philosophie" etwas, was für andere gar nichts damit zu tun hat: sich sich gegen die Welt zu wehren, gegen das Vorgegebene anzudenken, gegen die beschränkenden und steuernden Ansichten.

Philosophieren als Andenken gegen die Welt. Nämlich die der vorgegebenen Gedanken und scheinbar undenkbaren Vorgaben.

Philosophie als Widerstand gegen eine vergesellschaftete Wirklichkeit: So sollst du denken, fühlen, sprechen, handeln. So ist es und nicht anders. Aber warum? Und warum nicht anders?

Philosophie als Abwehr einer vergeschichtlichten Wirklichkeit: So musste es kommen. Aber warum und was wäre sonst möglich gewesen?

Philosophie als Gesellschaftskritik: Was bedeutet es, so oder so zu denken, im Hinblick darauf, welche Verhaltensweisen und welche Beziehungen die gesellschaftlichen Verhältnisse erlauben, erzwingen, empfehlen, fordern usw.? Anders gesagt: Welches Denken unterwirft sich, welches ist widerspenstig und deckt Unterdrückung auf?

Denke gefährlich, denke widerständig! Das Gefährliche ist ja gerade nicht das Abenteuer, der Nervenkitzel, die eigene Erregung. Es ist die Erregung des Ärgernisses der anderen, die Kunst, ihnen auf die Nerven zu gehen.

III

Es ist die Eigenart der Philosophie, dass sie zuweilen keineswegs unter diesem Titel, also nicht als eine von anderen Tätigkeitsbereichen unterschiedene, selbständige Betätigung betrieben werden muss. Chemie, Mathematik, Historie, Theologie oder Betriebswirtschaftslehre usw. sind immer als sie selbst von anderem verschieden. Philosophische hingegen pflegt zu diffundieren, an unerwarteter oder ungehöriger Stelle aufzutauchen, sich zu verstecken oder zu maskieren, sich zu verlieren usw.

Sind Kenntnisse der Philosophiegeschichte (und zeitgenössischer Debatten) Selbstzweck oder dienen sie dem eigenständigen Philosophieren? Worin besteht ihr Dienst und ist er unentbehrlich? Kant wusste nichts von Wittgenstein, der Aquinate nichts von Kant und Aristoteles nichts vom Aquinaten. Sind die Früheren bloß „entschuldigt", weil sie ungebildet sein *mussten*, oder sind sie durch eigene Leistungen völlig gerechtfertigt? Warum gilt das nicht für Heutige?

Philosophiegeschichte zu betreiben, bloß um fremdes Denken zu rekonstruieren, ist die Tätigkeit eines Archivars (oder Dermoplastikers). Als Philosoph beschäftigt man Philosophiegeschichte, um das eigene Denken zu prüfen, anzuregen und voranzubringen.

Philosophiegeschichte zu betreiben, ist kein Gang über einen Friedhof, sondern ein Besuch in einem Zoologischen Garten.

In Kenntnis der Geschichte der Philosophie zu philosophieren heißt, sich diese Geschichte zu eigen zu machen, was niemals vollständig geschehen kann und niemals „richtig" (also ohne jede Auslassung oder Veränderung).

Die Geschichte der Philosophie ist eine Geschichte produktiver Missverständnisse. Und von unproduktiven.

Jede echte Aneignung des Philosophierens anderer ist im besten Fall dessen Neuerfindung. Und es wäre ja auch nichts langweiliger, als genau so zu denken, wie schon gedacht wurde.

Fast jeder Philosoph beansprucht, andere Philosophen besser zu verstehen als diese sich selbst. Ob er Recht hat, darüber befinden dann wieder andere.

Dass ist der Fortschritt der Philosophie: Dass sie weiterhin betrieben wird, obwohl schon fast alles gesagt ist. Aber jeder Philosophierende muss eben alle anderen Philosophierenden vor ihm und um ihn herum, die er zur Kenntnis nimmt, einigermaßen verarbeiten, um sein eigenes Philosophieren auszubreiten. Es ist wie das Spiel „Ich packe meinen Koffer" …

Es ist unmöglich, hinter die bisherige Philosophie zurückzukehren. Es hat allerdings auch nicht viel Sinn, immer neue Philosophien zu produzieren. Man könnte aber versuchen, die real existierende Philosophie zu „verwinden".

Die Philosophie funktioniert wie eine der Künste: Der Begriff des Fortschritts ist absurd, eine einmal gefundene Lösung ist nie endgültig, verliert aber auch nie an Wert. Kant macht Aristoteles nicht überflüssig und Rembrandt nicht Michelangelo. Man kann vergleichen, aber nicht das eine gegen das andere ins Recht oder Unrecht setzen. Nur sozusagen an vorderster Front, also in der jeweiligen Gegenwart mag es eine *querelles des anciens et modernes* geben, mag etwas „zeitgemäß" oder „unzeitgemäß" sein. Aber schon wenig später kann auch das, was als nicht mehr passend erschien, rückblickend als typischer Ausdruck seiner Zeit gelten.

Hat Sartre gegen Husserl Recht? Man könnte auch fragen, ob Picasso gegen van Gogh Recht hat. — In der Philosophie verhält es sich tatsächlich wie in den Künsten: Wer das, was er macht, gut macht, ist im Recht, ohne einen anderen notwendig ins Unrecht zu setzen. In den Künsten konkurrieren, geschichtlich betrachtet, die Lösungsvorschläge nicht miteinander (nur die Ideologeme).

Philosophie ist permanenter Revisionismus. Ein Philosoph, der auf sich hält, lässt nichts von dem gelten, was andere vor ihm gedacht haben, oder doch nur unter dem Vorbehalt, dass er seine Vorgänger besser versteht als diese sich selbst. Die Revision mag irgendwo in der Philosophiegeschichte einsetzen oder bis zum Ursprung zurückgehen sollen (oder gar vor diesen), sie mag die Parole einer Rückkehr ausgeben oder den ultimativen Fortschritt zur Devise haben, immer geht es darum, dass dieser Philosoph, der jetzt philosophiert, also „ich", besser, richtiger, genauer, differenzierter, komplexer denkt als bisher gedacht wurde.

Man sagt, die Philosophie werde immer bedrängt, früher von der Theologie, heute von den Naturwissenschaften. Doch ist da eine wichtige Unterscheidung zu machen: Die Theologie wollte die Philosophie hinaufführen, die Naturwissenschaften wollen sie hinunterstoßen.

Für mich kann eine „Philosophie der Gegenwart" nur eine solche sein, die ausdrücklich und nachdrücklich nicht „zeitgenössisch" ist. Wer „zeitgenössisch" denkt, denkt sehr wahrscheinlich zeitgeistig.

18

Seine Gedankengänge durch Weglassungen, Sprünge, Andeutungen zu verrätseln und durch bewusst undeutlichen und abweisenden Wortgebrauch zu verdunkeln und zu erschweren, ist schlechter Stil.

Man denkt, um zu verstehen, also soll die Mitteilung von Gedachtem auf Verständlichkeit aus sein. Wer nicht verstanden werden will, philosophiert nicht.

Schwieriges zu vereinfachen, statt Einfaches schwierig erscheinen zu lassen, hätte der handwerkliche Anspruch der Philosophen zu sein.

Zu philosophieren ist, wo es nicht bloßes Selbstgespräch sein will, ein Angebot an andere mitzuphilosophieren. Entsprechend offen und zugänglich muss es sich darstellen.

Wie es Schmierenkomödianten gibt, so gibt es Schmierenphilosophen. Sie finden zwar ihre Bühne und ihr Publikum und geben eine abgeschmackte Vorstellung, aber ihr Philosophieren ist ohne Niveau und nur ein Abklatsch echter Kunst des Denkens.

Ein Philosoph, der vom Ungenügen seines Philosophierens nichts weiß und nicht einmal davon ahnt, mag so erfolgreich sein, wie die Leute wollen, er ist doch ein Narr.

Eine strenge Kunst ist Philosophie dann, wenn sie sich ihrer Mittel bewusst ist und einen gelungenen Gebrauch von ihnen macht. In Rede und Schrift ist das Philosophieren so zu veranstalten, dass es zugänglich und fasslich bleibt. Schwierigkeiten des Denkens erfordert eine leichte Sprache. Keineswegs aber ist durch sprachliche Mätzchen Komplexität und Tiefe vorzutäuschen.

IV

Es hilft nichts: Womit das Denken auch anfangen will, es gibt immer etwas, was dem voraus liegt. Einen „reinen Ursprung" zu denken, ist unmöglich. Die Voraussetzungshaftigkeit des Denkens ist Bedingung seiner Möglichkeit: Wenn dem Denken nichts vorausginge, hätte es keinen Gegenstand, es fände also nicht statt. Selbst um das Denken reflektieren zu können, muss man bereits gedacht haben.

Voraussetzungslosigkeit ist keine Voraussetzung von Philosophie, im Gegenteil. Kritisches Denken will Voraussetzungen erkennen, befragen, beurteilen. Und nicht so tun, als wären keine Voraussetzungen da.

Woher weiß der Philosophierende, dass das stimmt, was er sagt? Er kann nicht einfach irgendeine Meinung verkünden, er muss sie begründen. Er bedarf des Belegs oder gar des Beweises. Wenn er nur an die (impliziten) Vorurteile und (mutmaßlichen) Empfindungen anderer appelliert, treibt er nicht Philosophie.

Das bloße Gefühl, dass etwas stimmt, ist kein Argument, sondern im Gegenteil etwas, was der Analyse und argumentativen Diskussion bedürftig ist.

Der Philosoph tut als Philosoph im Wesentlichen nicht anderes als jeder andere Mensch: Er denkt nach. Nur tut er es, hoffentlich, methodischer, instruierter und zusammenhängender.

Die Philosophie hat keinen besonderen Gegenstand. Alles, was in der Philosophie zum Thema werden kann, kann auch in einer anderen Wissenschaft zum Thema werden. Nicht mit ihren Objekten, wohl aber mit ihren Methoden unterscheidet sich die Philosophie von allen anderen Wissenschaften.

Nicht einmal die Philosophie ist ein Thema, das nur Gegenstand der Philosophie wäre, denn sie kann ja auch historisch, soziologisch, literaturwissenschaftlich usw. betrachtet werden.

Die Arbeit des Philosophen besteht ebenso wenig darin, Begriffe zu erfinden oder zu verändern, wie die Arbeit des Malers darin besteht, Farben anzurühren. Der Maler braucht zwar die Farben, aber erst, indem er sie aufträgt, malt er.

Wer sich mit dem Denken eines anderen befasst, muss es in sein eigenes übersetzen; wie einen Text aus einer Sprache in eine andere. Erst wenn es gelingt, die Begriffe, die ein anderer verwendet, durch eigene Begriffe zu ersetzen, kann sein Denken als verstanden gelten. Zugleich beruhen Missverständnisse selbstverständlich oft auf fehlerhafter Ersetzung von Begriffen. Verstehen und Missverstehen sind eben zwei unterschiedene Ergebnisse derselben Vollzüge.

Es geht nicht darum, dass man nicht voreingenommen sein darf, sondern darum, die (eigene und fremde) Voreingenommenheit zu erkennen, zu verstehen und zu kritisieren.

Ohne Vorurteile und Voreingenommenheiten ist gar kein Denken möglich; es kann ja nicht mit nichts beginnen. Voreingenommenheiten sind das Material der Philosophie.

Je mehr sich jemand von allen Vorurteilen befreit glaubt, desto stärker springen die Vorurteile ins Auge, von denen er sich nachweislich nicht befreit hat.

Das Ideal der Vorurteilslosigkeit ist schädlicher (nämlich verdunkelnder) als die Bereitschaft, die eigenen Vorurteile zu akzeptieren, sie aber auch verstehen und kritisieren zu wollen.

Keine Lebensfähigkeit und also auch keine Denkfähigkeit ohne Voraussetzungen, Vorannahmen und Vorurteile. Es gibt im Leben und im Denken keinen Anfang bei Null, die *tabula rasa* ist der Tod.

Es kommt nicht darauf an, ob man Vorurteile hat oder nicht (denn man hat unweigerlich welche), sondern darauf, was die Wirkung dieses oder jenes bestimmten Vorurteils ist.

Wenn, wie es zuweilen heißt, beim Philosophieren darum geht, alles in Frage zu stellen, so müsste doch auch dies in Frage gestellt werden.

Diskussionen sind mir wichtiger als Positionen. (Ich diskutierte auch mit Neonazis, wenn sich mit ihnen diskutieren ließe.) Positionen sind für mich Funktionen von Diskussionen, nicht umgekehrt Diskussionen ein Ergebnis des Konfliktes von Positionen.

Das Übel beginnt, wenn man nicht mehr miteinander reden will oder kann. Das Glück begänne vielleicht, wenn man nicht mehr miteinander zu reden brauchte.

Systematischer Größenwahn, methodische Bescheidenheit: Das wäre ein philosophisches Programm. In der Sache kann der Philosophierende nicht wirklich bescheiden sein, denn es geht ihm, auch wo er sich mit Detailfragen befasst, ums Große Ganze. Um so wichtiger wäre es, in den Weisen der Darstellung, des Urteils, der Mitteilung, der Diskussion bescheiden zu sein.

Das Zitat ersetzt in der Philosophie (und den ihr benachbarten Kulturwissenschaften) die Empirie. Fußnoten und Literaturverzeichnis sind ihr, was anderen Wissenschaften Experiment, Laboratoriumsarbeit, Feldforschung, Umfrage, Studie und Metastudie sind; Verbürgungen von Wirklichkeit und auffindbarer Wahrheit.

In der akademischen Philosophie ist es verpönt zu sagen, etwas sei so und so. Vielmehr zitiert man Aristoteles oder Kant oder Foucault sowie die aktuelle Literatur dazu, setzt das Zitierte mit anderen Zitaten in Beziehung, und allenfalls der Vergleich, die „Diskussion", darf als eigenständiger Beitrag erbracht werden. Selbstdenken ist unfein und betriebsfremd. Es gilt die Autorität der „einschlägigen Literatur" und „Debatte".

Wenn Philosophie Wissenschaft ist, ist sie Kunst.

Man muss die völlig falsche Auffassung zurückweisen, dass der Intellekt etwas Kaltes sein müsse, und ihr die brennende Leidenschaft des Denkens entgegenhalten.

Philosophen haben es mit dem Greifbaren zu tun, Literaten und Naturwissenschaftler mit dem bloß Ausgedachten. Denn jene verlangt es nach dem Begreifen der Greifbarkeit selbst, diese aber konstruieren nur Begriffe.

Philosophieren heißt für mich im Grunde: Vorschläge zu machen, wie die Welt zu verbessern ist. Nämlich zunächst besser zu verstehen, wie sie verstanden wurde und wird, um dann zu beurteilen und verständlich zu machen, ob es in ihr und mit ihr nicht bessere Weisen des Denkens und damit letztlich auch des Umgangs und des Zusammenlebens gäbe.

V

Dass der Ausdruck „Metaphysik" allzu spezifisch aristotelisch ist (platonisch wäre „Ideologie"), kann nicht verwundern. Erst damals, als Philosophie endgültig auch „Physik" und anderes war, musste die „Erste Philosophie" als ein gesonderter Bereich des Denkens gesondert bezeichnet werden — und wurde es mit einem recht hilflosen Ausdruck. Der freilich seine eigene Schönheit hat.

Die Metaphysik nicht verabschieden, sondern vorantreiben, zur avancierten Wissenschaft machen!

Es gibt Erfahrungen, die anders sind, als die der sinnlichen Wahrnehmung oder der Vorstellung. Auch diese Erfahrungen sind wirklich. Es mag dabei Täuschungen geben, aber die gibt es bei der Sinneserfahrung auch.

Warum aus dem Bereich möglicher und tatsächlicher Erfahrungen ausgerechnet die metaphysischen ausschließen? Nur dumpfe Gemüter ahnen nicht einmal, dass das Handgreifliche nicht alles ist. Die feinsinnigen wissen es. Die Erfahrungen des Denkens, die Sinnerfahrungen, die Erfahrung des Übersteigens des Endlichen sind nicht weniger wirklich, weil sie nicht messbar und berechenbar sind. Was ist der Zweck eines solchen Ausschlusses? Wie wird davon das menschliche Erkenntnis- und Handlungsvermögen beschränkt?

Es ist unmöglich, nicht Metaphysik zu treiben, zumindest implizite und unbewusste.

Wer etwas sagt, betritt damit das Feld der Metaphysik.

„Realität" ist ein metaphysischer Begriff, in nicht-metaphysischer Rede hat das Wort keinen Sinn. Wer also „Realist" sein will, muss Metaphysik treiben.

Unter Metaphysik verstehe ich die Explikation der in aller Rede, in jedem Verständnis implizierten Voraussetzungen allgemeiner und grundlegender Art. Nicht spezifischer Voraussetzungen, wie sie von Logik, Psychologie, Soziologie, Linguistik, Biologie, Physik usw. usf. untersucht werden können. Sondern jenes als unbedingt Vorausgesetzten, das alle Gegenständlichkeit und jede Bezugnahme auf sie bedingt.

Zum Metaphysischen gelangt man nicht durch Absehung von der Erfahrung, sondern nur durch Erfahrung hindurch.

Metaphysik gibt es, weil es Erfahrung gibt. Doch Erfahrung ist nur deshalb möglich, weil es das gibt, was in der Metaphysik verhandelt wird.

Die Metaphysik darf zunächst und zuerst gerade nicht von den Einzeldingen abstrahieren und sich in irgendwelchen Allgemeinbegriffen und Spekulationen verlieren. Vielmehr muss sie wirklich mit dem beginnen, was der Erfahrung nach (und jeder Erfahrung vorausliegend) die erste, die anfängliche Wirklichkeit ist (*archai*), also das Dasein derer, die im Prozess der Selbstwerdung zu den anderen werden. Deren Dasein liegt meinem Dasein voraus und zu Grunde, und über mein Dasein komme ich nie hinaus, weil es, ohne dass es mich gibt, auch mein Philosophieren nicht gibt und mithin keine Metaphysik, die ich treiben könnte.

So, wie ich sie verstehe, ist Metaphysik nicht ein Abstrahieren vom Konkreten und Singulären zugunsten von Ideen, sondern im Gegenteil eine Kritik der Idee der Natur, weil diese eben jene Abstraktion vollzieht. Natur ist sozusagen „unmetaphysisch", und nur eine antiphysische Metaphysik könnte von dieser Zwangsvorstellung befreien.

Für eine empirische Metaphysik, die eben nicht spekulativ ansetzt, sondern bei der Grunderfahrung der „ontologischen Differenzen" — seiend, nicht seiend; lebendig, tot; Person, Sache; ich, du — und damit eine Ontologie überhaupt erst begründet!

Metaphysik soll zeigen, dass es mehr gibt, als nur die Welt der Dinge. Die Totalität der Immanenz ist das Phantasma, dessen vernichtende Nichtigkeit es aufzuzeigen und das es zu verscheuchen gilt. Dazu muss die notwendige Fragmentarität, Kontingenz, Inkohärenz der Welterfahrung dargestellt werden und in den Lücken, Ritzen, Spalten und Brüchen derselben Raum für Transzendenz offen gehalten werden. Wenn das Ganze nicht alles ist (weil alles kein Ganzes ergibt), weist es von selbst über sich hinaus.

Zur Metaphysik gehört die Frage, ob etwas so sein muss, wie es ist, oder ob es anders sein könnte. Und nicht zuletzt, bei einer ethisch gegründeten Metaphysik, die Frage, ob etwas nicht anders sein *soll*, als es ist.

Geschlossene Metaphysiken laufen dem eigentlichen metaphysischen Impuls zuwider. Sie sind Ideologien, die die Erfahrung (sowohl die gemachte wie die zu machende) verstellen. Die Unterscheidung von offenen und geschlossenen Metaphysiken mag banal erscheinen, aber in Wahrheit ist sie entscheidend für das Verständnis von Metaphysik überhaupt. Wird Metaphysik als Ideologie konzipiert, die in Technik ihren folgerichtigen Abschluss findet, ist sie etwas anderes, als wenn man sie als Kritik an den Phantasmen der Immanenz begreift.

Revolutionäre Metaphysik: Ein Denken, dass die herrschenden Verhältnisse umstürzen will, indem es nicht nur anders über sie zu denken lehrt, sondern zu ihrer Veränderung zum Guten aufruft. — Die Dinge anders zu denken, heißt bereits, sie zu verändern.

Die Annahme, Metaphysik entstehe als Reflexion des naturwissenschaftlich orientierten Denkens auf seine Voraussetzungen, ist insofern falsch, als dem „naturwissenschaftlichen" und technischen Denken das mythische vorausliegt, auf das beispielsweise die „Vorsokratiker" noch zurückgreifen, um ihre Philosophien zu formulieren. Erst der sokratisch-platonisch-aristotelische Bruch mit dem Mythos „technisiert" die Philosophie.

Die Verwerfung der Metaphysik, und keineswegs das metaphysische Denken selbst, ist das eigentliche Spezifikum des abendländischen Denkens.

Die Geschichte der Metaphysik ist identisch mit der Geschichte ihrer Kritik. Es hat keine Zeit gegeben, in der diejenigen, die ihre eigene Metaphysik treiben wollten, nicht alle vorangegangenen Metaphysiken kritisieren, verbessern, überwinden oder „verwinden" wollten.

Es ist leicht, Argumente zu finden, um die Metaphysik abzuschaffen, wenn die einzige Metaphysik, die man kennt oder sich vorstellen kann, eine schlechte ist.

Man hat jetzt so lange und so hartnäckig die Erschöpftheit, Überwundenheit, Unmöglichkeit, kurz: *das Ende der Metaphysik* diagnostiziert, postuliert, dekretiert, dass Metaphysik zu treiben als etwas dringend Gebotenes erscheint, wenn man nicht konformistisch sein will.

Man könnte sagen, dass der Metaphysik von Anfang an etwas Antimetaphysisches innewohnt, das danach drängt, die Oberhand zu gewinnen.

Der wichtigste Beweggrund der „Metaphysikkritik" (Metahysik-Feindlichkeit) ist der Wunsch, alles „Übernatürliche", vor allem also Gott und alles, was ihn betrifft, für unwirklich und unmöglich zu erklären. Am liebsten schon das Sprechen über ihn, der doch allem erst Sinn gibt, als sinnlos zu verbieten.

Die Gotteserfahrung ist die eigentliche metaphysische Erfahrung. Nichts drängt so sehr wie die Erfahrung des Göttliche danach, philosophisch reflektiert zu werden. Zwar ist die primäre Reaktion Scheu und der Wunsch nach Verehrung, aber in jedem Umgang mit dieser Erfahrung wird implizit eine existenzielle Deutung gegeben.

Nichts geschieht ohne Grund. Warum?

VI

Der Andere und die anderen sind die große Entdeckung im Leben des Einzelnen.

Es mag sein, dass die Anderen existieren, ohne dass ich existiere. Aber es ist unmöglich, dass ich existiere, ohne dass die anderen existieren.

Es ist nicht so, dass es mich gibt und zufällig vor mir schon andere. Es ist vielmehr so, dass es mich gibt, *weil* es andere schon vor mir gab.

Dass ich bin, dass ich da bin, ist die Grundlage aller meiner Verhältnisse. Aber meinem Dasein geht ebenso unzweifelhaft das Dasein anderer voraus. Und damit auch deren Verhältnis zu allem und auch zu mir. Damit ich sein konnte und damit ich bin, müssen andere gewesen sein. Ich bin nicht der Grund meiner selbst.

Dass es mich gibt, ist eine durchaus nachträgliche Entdeckung, aber die vorausliegende, grundlegende und in diesem Sinne ursprüngliche Erfahrung ist, dass es jemanden gibt, der für mich da ist und sich um mich kümmert.

Primär ist (auf unreflektierte Weise), dass das eigene Erleben, das eigene Wahrnehmen, das eigene Empfinden, das eigene Vorstellen, das eigene Werten usw. allgemein ist. Der Einzelne muss erst lernen, dass andere etwas anders sehen, anders bewerten, sich anderes vorstellen, etwas anders nennen usw. Der Andere ist also im eigenen Weltverhältnis zunächst in der Allgemeinheit des Eigenen präsent, von der das eigentliche, besondere, vereinzelte Eigene ebenso erst abzulösen ist wie die Andersheit des Anderen.

Dass es andere gibt und geben muss (und gegeben haben muss), ist mir ebenso unverfügbar wie, dass es mich geben muss. (Nicht unbedingt muss: Mein Dasein ist ja endlich; aber wenn ich mich dazu verhalte, etwa darüber nachdenke, muss ich doch wohl existieren.)

Ich bin mir selbst gegeben. Aber von wem? Und woher?

Die Grunderfahrung des Einzelnen (durch die er zum Einzelnen wird) ist die Transzendenz: Es gibt nicht nur mich. Mich gibt es, weil es auch andere gibt. Es gibt Menschen, Dinge und Welt, und sie sind von mir verschieden. Es gibt also mehr als mich und es übersteigt mich.

Dem Einzelnen geht es bei seinem Dasein immer auch um das Dasein der Anderen.

Erst vom Dasein her — dem der anderen, dem eigenen, dem Vorhandensein der Dinge, letztlich dem Dasein Gottes — ist Sein verständlich und überhaupt erst erfahrbar.

Ich bin ich selbst, weil ich den anderen ein anderer bin.

Andere haben schon für mich gesorgt, bevor ich mich um mich selbst sorgen konnte oder mich um mich hätte Sorgen machen können. Die Sorge ist also primär Sorge der Anderen und Fürsorge, erst sekundär Selbstsorge und Besorgnis.

Der Andere ist zunächst und letztlich immer er selbst, also gerade nicht „anders", allenfalls lediglich anders als ich, aber wer bin ich schon, mich zum Maßstab des anderen zu machen …

Der Andere ist nicht die Negation meiner selbst. Nicht er ist der, der ich nicht bin, sondern ich bin es, der nicht er sein kann. Der Andere ist die Position, die ich nicht einnehmen kann, sozusagen reine Positivität, ganz und gar gegeben und nicht gesetzt.

Der Andere ist nicht bloß das, was ich nicht bin. Wo er sich von mir unterscheidet, mich sozusagen überschreitet, ist er mehr als ich. Tatsächlich können nur die Unterschiede von dir und mir dich und mich bereichern, mit dem, worin wir uns nicht unterscheiden, fügen wir einander nichts hinzu.

Der Andere ist für sich er selbst, so wie ich für mich ich selbst bin. Ich bin nicht er, er ist nicht ich. Diese ontologische Grenze ist nur zu überschreiten, indem man nicht mehr von ihm und mir spricht, sondern von einem Ich. Das hypostasierte Pronomen ist dann aber eben gerade kein Pronomen mehr, es steht nicht mehr für mich ein, sondern macht mich zu einem Fall von sich: Ich soll ein Ich sein (oder doch haben).

Wenn ich über den Anderen spreche statt mit ihm, ist er ein Er, kein Du. Du aber bist ebenfalls kein Du, sondern du bist du.

Du und ich müssen Verschiedene sein, sonst gäbe es kein wirkliches Gespräch (nur ein Selbstgespräch, das aber immer nur Folge von Gesprächen ist). Aber wir müssen auch Gleiche sein, sonst hätten wir einander nichts zu sagen und könnten einander nicht verstehen.

Von einem Ich und von einem Du zu reden, statt von mir und dir, verfehlt den konkreten Menschen und setzt an seine Stelle eine Abstraktion. Gewiss bedarf es des Abstrahierens, um Begriffe bilden zu können. Aber bei dir und mir handelt es sich doch nicht um Begriffe, sondern um Personen.

Spricht mein Ich zu deinem Ich über sein Ich? Oder spreche ich zu dir über ihn?

Wer ist es, dessen Ich ich als „ein Ich" bezeichnen soll, wenn es um mich geht, also um „mein Ich"? Das bin doch wohl ich. Gibt es mich dann demnach doppelt, einmal als mich und einmal als mein Ich?

Mein Ich, das bin ja wohl ich, dein Ich, das bist ja wohl du, sein Ich, das ist ja wohl er. Warum also nicht gleich von mir, von dir, von ihm reden?

Ich bin kein Ich. „Wer ist da?" — „Ich bin es." (Und nicht: mein Ich.)

Ich bin mir (wenn ich es denn bin) meiner selbst bewusst, nicht jedoch eines Ichs. Man sollte also allenfalls von Selbstbewusstsein sprechen, nicht von einem Ich-Bewusstsein.

Mag sein, dass das Ich, wie zum Beispiel die Buddhisten sagen, eine Illusion ist. Aber dann frage ich mich: Wessen Illusion eigentlich?

Das Ich ist eine Illusion? Mag sein. Aber du bist keine.

Das Ich ist eine Verdinglichung von etwas, das ich bin. Ein Versuch, etwas festzuhalten, etwas von dem festzustellen, was ansonsten nur vorläufige Positionen einnehmen kann und gewissermaßen im Fließen ist. In meinen Sätzen nehme ich nur vorübergehend eine Position ein, bin nur ein Passant und Passagier meiner Rede, die mir passiert. Freilich, ich greife ein, ich gestalte, ich verfüge: Doch immer im (und sei es stockenden) Fortschritt, im Verlauf, im schon geschehenden Geschehen.

Höre auf, ein Ich sein zu sollen, und werde du selbst.

VII

Das Fremde ist das, was *mir* fremd ist. Die Fremdheit des Fremden ist nicht eine seiner Eigenschaften (schon gar nicht seine grundlegende), sondern mein Verhältnis zu seinen Eigenschaften.

Die Erfahrung der Fremdheit kann ich ja nicht nur dadurch haben, dass etwas oder jemand mir fremd ist, sondern auch dadurch, dass ich fremd bin.

Die Fremde, das ist der Ort, wo ich fremd bin, nicht nur der Ort, wo mir etwas fremd ist.

Die Fremdheit des Anderen ist also in Wahrheit bloß meine eigene Fremdheit, die ich auf ihn projiziere, wie ja seine Andersheit in Wahrheit bloß meine Andersheit ist.

Der Begriff eines „absolut Fremden" ist widersinnig, da Fremdheit immer relativ ist. Das Fremde ist immer das als Fremdes Intendierte, das als Fremdes Gewollte oder eben „Nicht-Gewollte" (was dann sozial als Xenophobie erscheint).

Der Andere ist er selbst, ich bin er selbst. Dieses Selbstsein haben wir gemeinsam, aber wird sind ganz und gar nicht derselbe.

Man kann das Selbst-Sein (*esse ipse*) vom Dasselbe-Sein (*esse idem*) unterscheiden und dadurch vielleicht den inflationären Gebrauch des Ausdrucks „Identität" eindämmen. Was soll das heißen, jemand habe diese oder jene Identität? Selbstverständlich ist er derselbe wie er selbst. Aber ist es er selbst, der sein Leben lebt, oder wird er gelebt?

Das menschliche Selbst geht nicht darin auf, ein und dasselbe zu sein, sondern es ist notwendig von sich verschieden, es übersteigt sich und verliert sich (entgeht sich, verfehlt sich). Das Selbst ist kein Ding, sondern ein Vollzug.

Das Selbst, genauer: jemand selbst, ist gerade nicht ein auf seine Selbigkeit festgelegtes und beschränktes Etwas, also nichts „Identisches" oder Identitäres, sondern ein Feld, ein Spiel von Möglichkeiten und Verwirklichungen im Zusammenhang der Verständigung.

Dem Begriff der Identität haftet etwas Absurdes an, wenn er kollektivisch gemeint ist (kulturell, national usw.). Teilen sich zwei (oder mehr) Individuen eine Identität, haben sie also „dieselbe Identität", sind sie somit identisch, dann handelt es sich gar nicht um mehrere Individuen, sondern um ein einziges.

Der einzelne Mensch kann immer nur er selbst sein. Selbst wenn er sein Verhalten (rückblickend) so erlebt, dass er „außer sich" und in diesem Sinne „nicht er selbst" gewesen sei; so war es doch er selbst, der außer sich war. Auch das Erleben des Fremdseins oder der Fremdbestimmung oder der „Entfremdung" ist immer ein eigenes Erlebtes, etwas, das man selbst erlebt.

Der Einzelne ist Vieles. Er ist die Einheit dieses Vielen. Eine „in sich" vielfältige Einheit.

Auch wenn er sich verändert hat, ist es doch dieser Einzelne, der sich verändert hat. Er ist also derselbe geblieben.

Der Einzelne erlebt sich für gewöhnlich als ein und derselbe in der Vielheit seiner Erlebnisse, in seiner Widersprüchlichkeit und Wandelbarkeit. Er wird als er selbst angesprochen und weiß sich gemeint. Und spricht auch selbst von sich als von sich selbst.

Die Einheit des Einzelnen ist eine dialogische Einheit. Eine Einheit für und vor jemandem. Ich liebe dich: Nicht etwas und nicht irgendwer liebt dich, nicht dieses und nicht jenes, nicht vieles manches, einiges, sondern *ich* liebe *dich*. Die Einheit des Einzelnen stammt also vom Anderen, ist eine von ihm geborgte, entlehnte, für ihn entworfene und gestaltete Einheit. Sie ist meine von dir empfangene und auf dich hin gelebte Einheit.

Der Einzelne ist eine Tatsache. Das Individuum und das Subjekt sind Deutungen des Einzelnen.

Der Einzelne ist gerade kein Einzelfall. Er ist überhaupt kein Fall von etwas. Als solcher ist er immer schon verkannt und verfehlt.

Jeder Mensch ist einzigartig, wirklich jeder, aber das ist oft schwer zu erkennen, weil die Leute so in Banalitäten verstrickt sind, dass sie dahinter verschwinden.

Jeder Einzelne ist wertvoller als das Ganze. Damit meine ich nicht etwa, dass sich zwei Wertmengen berechnen ließen (einerseits der Einzelne, andererseits das Ganze mit oder ohne den Einzelnen). Ich meine vielmehr, dass kein Wert den des Einzelnen übersteigt, nicht einmal der Wert aller Einzelnen zusammen und der Welt obendrauf. Also ist kein Preis zu hoch (sondern jeder zu niedrig) für den Einzelnen, selbst der Preis nicht, der den Einzelnen einbegreift.

Im Grunde ist jeder Einzelne außergewöhnlich, aber die meisten gelangen nicht bis zum Grund, noch gelangt der Grund zu ihnen.

Gemeinschaft der Einzelnen: Nichts Höheres lässt sich im Hinblick auf Gesellschaft denken.

Erst in der Selbstlosigkeit erfüllt sich das Dasein des Einzelnen. Erst in der Überschreitung seiner selbst auf ein anderes Dasein hin, in der Gemeinschaft mit ihm. Das kann freilich nicht die „Gemeinschaft" mit einer abstrakten Menge sein, sondern nur eine mit dem jeweils einzelnem Dasein mehrerer.

Der Einzelne muss sich als ein Ich, als gesellschaftliches Individuum. als Subjekt des Geschehens emanzipieren, also von sich selbst; er muss sich von sich selbst lösen, wenn er frei sein will.

VIII

Sein ist ein substantiviertes Verb. Wer daraus keine Konsequenzen zieht, sollte die Finger von Metaphysik lassen.

Sein ist der Infinitiv jener finiten Formen, in denen es vielleicht am ehesten als das zu begreifen ist, was stattfindet: „Ich bin da" ist wohl deutlicher als „mein Dasein".

Sein als etwas denken, was man tut — macht, vollzieht, geschehen lässt —, nicht als etwas, was man hat.

Sein als Stattfinden: Was ist, das geschieht, es ereignet sich, es findet statt.

Stattfinden: eine Stätte finden, einen Ort, ein Anwesen.

Niemand spricht so (außer einem Philosophen oder Poeten), aber der Satz „Dort steht ein Baum" kann reformuliert werden als „Dort drüben findet gerade ein Baum statt".

Stattfinden als vorhanden sein, als da sein, als existieren, aber auch als auf diese oder jene Weise sein und wahrgenommen werden können: „Der Baum ist alt, der Baum ist groß": „Der Baum findet als alter Baum, als großer Baum, als dein Baum statt."

Nichts ist alles, sondern jedes Einzelne ist es selbst: Darum gibt es kein „Sein als solches", kein Sein überhaupt, keine Seinstotalität, sondern nur die irreduzible Pluralität der Seinsarten und Seinsweisen, des konkreten Seins von etwas (oder jemandem).

Das Sein ist immer ein Sein.

Sein ist immer Etwas-Sein (oder Jemand-Sein), zuweilen auch Nichts-Sein, nie aber Sein an sich.

Auch das Sein überhaupt ist nur ein Sein unter anderem.

Seinspluralität: Er ist Philosoph, seine Gedanken sind neu, sein Ansatz ist richtig, er ist kurzsichtig, seine Haut ist blass, er ist zu wenig im Freien, seine Wohnung und seine Arbeitsstelle sind in der Nähe, wir sind verabredet, er ist trotzdem spät dran, er ist oft vergesslich, er ist ein guter Freund, er ist ein aufmerksamer Zuhörer, ich bin gern mit ihm zusammen ...

Dasein ist immer Dasein für jemanden. Auch und gerade das eigene Dasein (gleichsam die Eigentlichkeit des Daseins) ist Dasein für andere oder einen anderen.

Das Dasein ist das Sein, dem es von Anfang an nicht nur um es selbst geht, sondern das sich immer schon als für andere da seiend erfährt — wenn auch zunächst selbstverständlich unbewusst —, jener anderen, für die es da ist (existiert und Gegenstand der Fürsorge ist) und die für es da sind (für es sorgen und ihm umgebenden Sein sind).

Ich denke das Dasein von der Sorge her, vom „Für-einander-Dasein", vom „Für-einander-Sorgen". Dieses Sorgen ist nicht oder nicht nur und nicht vor allem Besorgtheit, „Sich-Sorgen-machen", sondern vor allem Zuwendung, fürsorgliche Zuwendung zum anderen und dessen Zuwendung zu mir. Diese persönliche sorge und dieses persönliche Dasein ist zu unterscheiden vom dinglichen Dasein (Vorhandensein), vom Besorgen der Dinge.

Nicht nur von der Sorge (Dasein als Für-einander-Dasein, als für einander sorgen können, wollen und müssen), sondern auch von der Not muss die Rede sein. Für einander zu sorgen (auch: für einander sorgen zu müssen), ist nicht Schlechtes. Es ist die Grundlage des Zusammenlebens — Abhängigkeit von anderen, Zusammenwirken mit anderen. Die Not ist hingegen etwas, was es nach Möglichkeit abzuwenden gilt. Zwar kann man sich mit der Not auch abfinden, sich mit ihr arrangieren („aus der Not eine Tugend machen"), aber Not ist etwas, was nicht sein soll. Sorge hingegen soll sein.

Dasein ist Zugewandtsein. Das Gegebene ist das uns Zugewandte.

Dasein als Zuwendung, als Sich-kümmern (für jemanden oder etwas sorgen), als in diesem Sinne „intentional", also gerichtet auf etwas oder jemanden — und insofern sinnvoll.

Dasein als Sorgen, also auch als Bewirken und Behandeln. X sorgt dafür, dass …, heißt: X ist dafür da, X bewirkt, dass … Dasein als Bewirken, als Machen-dass …

Menschliches Dasein ist immer bedingtes Dasein.

Sein, das heißt auch: ihm zugehörig. Dieses Wortspiel möge erlaubt sein. Sein ist Sein des Anderen, es ist das Seine. Zunächst und zuletzt ist das, was ist, von dem her, was ich nicht bin, von denen her, die für mich da sind. Sein und „Alterität" sind also fundamental verschränkt. Darum wohl ist das Sein mir immer irgendwie fremd, es ist nicht mein Eigentum, es ist notwendig uneigentlich. Zwischen mir und dem, was ist, ist ein Unterschied. Ich bin gleichsam *a priori* vom Sein entfremdet und enteignet.

Außer für den, der völlig er selbst wäre, ist alles Sein Aneignung (Ereignis) eines Fremden.

IX

Wer spricht? Wovon? Zu wem? Diese Fragen verweisen auf eine Substanz, auf etwas oder jemanden, der oder das im Wechsel der Rede dasselbe, derselbe bleibt. Wechselte beispielsweise einfach so der Gegenstand der Rede, obwohl er mit denselben Wörtern bezeichnet würde, wäre also Rede nicht darauf ausgerichtet, beim selben Gegenstand zu bleiben oder aber den Wechsel auszusprechen, wäre Rede als sinnvolle nicht mehr möglich.

Dass der Gegenstand, von dem die Rede ist, derselbe bleibt und nicht wechselt, auch wenn er wechselnde Eigenschaften hat oder verschieden wahrgenommen, beurteilt oder benannt wird, ist allen Ungewissheiten der Rede ungeachtet ein Anspruch, den jede Verständigung voraussetzt. Anders gesagt, man könnte sich über nichts verständigen, wenn das, worüber man sich verständigen wollte, immer etwas anderes wäre.

Wenn es nichts gäbe, was bleibt, gäbe es auch nichts, was sich verändert. Es gäbe nicht einmal etwas, was anders ist, wenn nichts dasselbe ist. — Wir steigen also sehr wohl in denselben Fluss, und die Menschen irrten sich nicht, als sie Flüssen und Bächen Namen gaben und sie über lange Zeit als dasselbe Gewässer betrachteten, obwohl es doch jedes Mal, wenn sie damit zu tun hatten, anderes Wasser war, das dort floss.

Dass etwas Substanz hat, heißt, dass es nicht aufhört, es selbst zu sein, wie immer es sich auch verändert.

Substanz ist das Geschehen des Bleibens.

Gäbe es nur eine einzige Substanz, dann wärst du ich und ich wäre du. Es gäbe eigentlich nichts anderes als mich. Andersheit wäre dann nur eine Erscheinung des Einen, aber ein substanziell Anderes gäbe es nicht und könnte es nicht geben. Nur die totale, mit sich selbst identische Substanz.

Was etwas ist und als was es wahrgenommen, vorgestellt, bezeichnet, verstanden wird, ist dasselbe und nicht dasselbe. Das Wesen ist nur durch die Weisen des Bezugs darauf zugänglich. Mag sein, dass etwas noch anders ist als so, wie es zugänglich ist, aber wie kann davon sinnvoll gesprochen werden?

Das Wesen von etwas ist das, was es ist. Seine „Washeit".

Das So-Sein von etwas (seine Essenz) kann von seinem Dass-Sein (seiner Existenz) unterschieden werden. Freilich muss, alles, was ist, etwas (oder jemand sein), um überhaupt zu sein; und was und wer ist, ist so oder so.

Das Wesen von etwas ist kein zweites Etwas, das zum ersten hinzukommt, und schon gar kein Über-Etwas, von dem das erfahrbare Etwas nur die scheinhafte Verwirklichung wäre. Das Wesen von etwas ist einfach das, was etwas etwas ausmacht.

Man kann der Meinung sein, womit die Philosophie sich zu befassen habe, müsse möglichst allgemein und abstrakt sein. Wenn man freilich zugleich meint, es müsse grundlegend sein, so wende ich ein, dass nur Konkretes und Besonderes grundlegend ist.

Real sind nur die Einzeldinge (und deren Verhältnisse), also können auch nur sie grundlegend sein.

Das Abstrakte und Allgemeine geht nicht über das Konkrete und Besondere hinaus, es fällt dahinter zurück.

Auch das Ganze ist zunächst nur ein Wort unter anderen Wörtern.

Vom Ganzen zu sprechen, schließt mit ein, dass diese Rede zum Ganzen dazugehört, sich also selbst enthält: Wer könnte so sprechen?

Das Ganze kann nicht erfasst werden (weil das Erfassende ja selbst Teil des Ganzen zu sein hätte), aber es kann angesprochen werden, zum Gegenstand werden: als ein Grenzbegriff, über den es im Grunde weiter nichts zu sagen gibt.

Die Behauptung, das Ganze (die Totalität) erfasst zu haben, ist immer falsch.

Es gibt nur Einzeldinge, aber Einzeldinge in Verhältnissen. Im Grunde gibt es nämlich auch Singuläres nur in Relationen. Ein isoliertes, völlig beziehungsloses Einzelding mag in irgendeinem schwer zu verstehenden Sinne „existieren", aber „es gibt" ein solches nicht, insofern es nämlich nicht gegeben ist, denn Gegebenheit wäre ja eine Weise der Beziehung.

„Ontologische Identität": Sein und Seiendes sind dasselbe. Was ist, ist das, was es ist und insofern es ist. Weder gibt es ein Seiendes, also etwas, das ist, ohne sein Sein, also ohne dass und was es ist, noch gibt es ein Sein ohne Seiendes, denn das wäre ja ein Sein von nichts.

„Ontologische Differenzen": Person und Sache, Lebendiges und Totes, Seiendes und Nichtseiendes. (Und wohl auch Schöpfer und Geschaffenes.)

Ist denn nicht „sein" das Zeitwort schlechthin, in dem Dauern (dauernd ist, was besteht: *status*), Geschehen, Tun und Leiden übereinkommen?

Wie wäre ein zeitloses Sein zu denken? Kein „überzeitliches", bloß abstrakt aus der Zeit herausgenommenes Sein, sondern eines, das der Zeit nicht (vielleicht nicht mehr) ausgeliefert wäre?

X

Wenn davon die Rede ist, was etwas ist, kann das nur die Rede davon sein, was es für jemanden ist. Über ein Wesen, von dem man nichts weiß, kann man nichts sagen (außer das).

Nur indem ich mich auf etwas beziehe, kann es für mich existieren. Das heißt nicht, dass es überhaupt nicht existiert, wenn ich mich nicht darauf beziehe, sondern es existiert eben für mich nicht. Wenn sich freilich niemand darauf bezieht — was könnte man dann darüber wissen und sagen?

Die Relation ist die ontologische Grundkategorie. Ohne sie kann von Identität oder Differenz keine Rede sein. Bevor man weiß und wissen kann, was etwas ist, muss man sich dazu in Beziehung gesetzt haben oder worden sein.

Philosophie ist genau genommen immer relativistisch: Sie stellt Geltungsansprüche in Zusammenhängen.

Wenn Sein Dasein-für ist, ist real nur das, was relativ ist. Um etwas sinnvoll als „wirklich" bezeichnen zu können, muss der, der es so bezeichnet, dazu in einer Beziehung stehen. Er muss dabei sozusagen den Grad angeben können, in dem etwas real ist, mit anderen Worten: seine Seinsweise. Zu sagen, man habe davon geträumt, spricht von einer anderen Art von Wirklichkeit, als zu sagen, man habe es angefasst. „Gradmesser" ist immer ein Subjekt: Ich habe es wahrgenommen, mir wurde davon erzählt, ich schließe darauf, ich vermute es.

Ich finde es sehr unpassend, als „Realismus" ausgerechnet eine so unrealistische Weltsicht zu bezeichnen wie die, dass es das, was es gibt, zweimal gibt, nämlich einmal „für jemanden" und einmal „an sich". Für realistisch halte ich einzig und allein einen kritischen Relativismus, der eine Einheit der Wirklichkeit behauptet, die jedes An-sich, das nicht zugleich ein Für-jemanden ist, als bloßes Phantasma (Spukgestalt) zurückweist.

„Für jeden ist etwas anderes wahr." Stellt sich bloß die Frage, für wen das wahr ist. Wahrheit muss relativ sein, nämlich auf ein Objekt bezogen und einem Subjekt gegeben; aber sie muss auch absolut sein, nämlich wirklich wahr.

Es gehört zum Begriff der Wahrheit, dass sie allgemeingültig ist. Also für jeden gilt. Wenn sie ihm auch auf andere Weise gegeben sein kann als anderen.

Dass alles gleichermaßen wahr ist, ist eben gerade *keine* relativistische These, denn der Relativismus besagt ja, dass Wahrheit immer nur relativ, also in Relation zu haben ist.

Alles ist relativ, auch die Relativität.

„Es ist unbedingt wahr, dass nichts unbedingt wahr ist." Zweifellos widerspricht der absolute Relativismus sich selbst. Dem entgeht der relative Relativismus: „Es ist bedingt wahr, dass alles nur bedingt wahr ist." Das lässt auch Raum für Unbedingtes.

Absoluter Relativismus ist lediglich negativer Absolutismus.

Nur der relative, der sich selbst relativierende Relativismus ist der zu Ende gedachte Relativismus. Wenn der Grundsatz des Relativismus lautet: Alles ist relativ, dann ist selbstverständlich auch das zu relativieren. Das lässt Raum für das Absolute.

Der „absolute Relativismus" verdient den Namen Relativismus gar nicht, weil es ihm um Relativität nur im Sinne von Unverbindlichkeit, Beliebigkeit und Verfügbarkeit geht, während der „relative Relativismus" um Verbindlichkeit, Unverfügbarkeit und Unbedingtheit weiß und sie will.

Mein relativer Relativismus leugnet das Absolute nicht, aber er fragt nach seiner Relativität, also nach den Relationen, die zu ihm bestehen oder von ihm zu anderen. Nur als „relatives Absolutes" kann das Absolute Gegenstand sinnvoller Rede sein, als „absolutes Absolutes" ist es allenfalls Markierung einer Grenze, jenseits deren nichts Sinnvolles mehr darüber gesagt werden kann. (Aber insofern diese Markierung besteht, kann über sie gesprochen werden.)

Das Unbedingte kann nicht auf dieselbe Weise Gegenstand einer Wissenschaft sein, wie es etwas Bedingtes sein kann. Das Unbedingte kann überhaupt nur Gegenstand der Theologie und der Philosophie sein.

Die Philosophie muss das Unbedingte zum Gegenstand nehmen, weil sie sich mit den Bedingungen und der Bedingtheit überhaupt befasst.

Das Unbedingte (das Absolute) ist Bedingung des Bedingten (Relativen).

Das Unbedingte ist, wenn es bedingt, das „Bedingendste", denn da es selbst nicht bedingt ist, ist sein Bedingen unbedingt.

Das bedingt Bedingte, das unbedingt Bedingte, das unbedingt Unbedingte: Es gibt kein bedingtes Unbedingtes. Das bedingt Bedingte aber und erst recht das bedingt Bedingte verweisen gerade in ihrer Bedingtheit auf das Unbedingte. (Aus sich heraus und über sich hinaus.)

Das Absolute ist im strengen Sinn unfassbar und darum weniger ein Begriff als vielmehr ein Ausdruck zur Bezeichnung des notwendigen Fehlens eines solchen. Das Unbedingte erscheint als Negatives, sodass seine begriffliche Positivität unsagbar bleibt. In Wahrheit aber ist es nicht negativ („un-bedingt"), sondern reine, vollkommene und somit sich selbst setzende und schenkende Positivität.

Dass das „Absolute", also das Unbedingte, zugleich ein „Relatives" sein muss, wenn es zumindest Gegenstand der Rede, womöglich aber auch der Erfahrung wird, ist offensichtlich. Diese „relative Absolutheit" ist ein Paradoxon, dessen Auflösung sich vielleicht im Begriff des „absolut Relativen" finden lässt. Es geht um das, worauf alles und jedes bezogen sein und das sich auf alles und jedes beziehen muss. Diese unbedingte Bezüglichkeit, die die Unbedingtheit selbst nicht aufhebt, kann nicht rein passiv sein. Nur das Unbedingte, das sich von sich her auf alles und jedes bezieht und alles und jedes auf sich bezogen sein lässt, kann ganz relativ und dabei ganz absolut sein. Hier kommt die Philosophie schwerlich darum herum, an der Grenze zur Offenbarungstheologie das absolut Relative als Gott anzusprechen.

XI

Die Frage nach dem Dasein Gottes ist offensichtlich die wichtigste und grundlegendste aller Fragen. Dabei kommt es zunächst noch gar nicht darauf an, wie man sie beantwortet (und ob man sie überhaupt für beantwortbar hält), sondern zu verstehen, worum es bei ihr geht.

Die Frage nach dem Dasein Gottes ist keine theologische oder auch nur religiöse. Der Gläubige, der religiös Praktizierende setzt ja voraus, dass das Göttliche, dem er sich zuwendet, da ist. Die Frage nach Gottes Dasein ist also eine, wenn man so will, philosophische.

Man könnte sagen, die Möglichkeit Gottes sei ein philosophisches Thema, seine Wirklichkeit ein theologisches. Nur dass womöglich die bloße Möglichkeit, als solche existenziell erfahren, schon zur Wirklichkeit gehört.

Wen die Frage nach dem Dasein Gottes gleichgültig lässt, der hat sie offensichtlich nicht richtig verstanden.

Die Einsicht in die Notwendigkeit des Daseins Gottes ist grundlegend für alles Philosophieren und für das Dasein überhaupt. Aber sie steht nicht am Anfang. Für viele gibt es sie überhaupt nicht. Und selbst dann, wenn sie gelingt, ist sie keine religiöse Erfahrung im eigentlichen Sinne.

Wenn Gott möglich ist, existiert er auch. Denn die Notwendigkeit seines Daseins gehört zu seinem Begriff.

Es gibt keinen Grund, warum Philosophie *a priori* atheistisch sein sollte. Die vielgestaltige religiöse Erfahrung und die Einsicht in die Notwendigkeit Gottes gehören zum menschlichen Dasein, müssen also auch von der Philosophie ernst genommen werden.

Der einzelne Mensch hat sich selbst nicht hervorgebracht. Er hat die anderen und die Welt nicht hervorgebracht. Er ist aber da, die anderen sind es auch und die Welt ist (zumindest die Dinge sind) vorhanden. Also muss sich der Einzelne dazu verhalten, dass es etwas geben muss, das alles von Grund auf übersteigt und es gesetzt hat.

Im Grunde ist es ganz einfach: Wenn Gott der Sinn von allem ist, bleibt, wenn man Gott wegdenkt, nur Sinnloses übrig. Aber die Sinnlosigkeit ist nicht primär, sondern eben Effekt einer aktiv betriebenen Gottlosigkeit. Anders gesagt, Religionen verleihen nicht Sinnlosem Sinn, sondern „Dereligiosifizierung" beraubt das Sinnvolle seines Sinnes. Sinnloses ist Sinnvolles, das seines Sinns beraubt wurde — und darauf wartet, wieder sinnvoll zu werden.

Wenn alles sinnlos wäre, wäre das auch egal. Schade darum könnte es ja nur sein, wenn es einen Wert hätte, also doch einen Sinn. Es ist also nicht die allgemeine Sinnlosigkeit zu fürchten, sondern dass es sehr wohl einen Sinn gäbe, dieser aber verfehlt würde.

Der Sinn des Ganzen kann weder das Ganze sein noch ein Teil davon. Der Sinn muss auf etwas außerhalb verweisen. Das kann man Gott nennen.

Was ist der Sinn von Sinn? Oder muss man — so, wie man sagt, dass das Sein nicht ist, also das Sein kein Sein hat — sagen, dass der Sinn keinen Sinn hat?

Die Philosophie hat mit der Theologie ein Thema gemein, das sie nur mit dieser gemein hat: das Ganze.

Die Philosophie empfängt ihre Begriffe aus der Theologie, weil diese das *erste Denken* ist. Nur einige wenige Ausdrücke, gleichsam zum internen technischen Gebrauch, sind allein der Philosophie vorbehalten; es sind dies unwesentliche Begriffe, auf die keine Philosophie der Philosophie gegründet werden kann, sie wäre denn reiner Bürokratismus. Sofern die Philosophie Wesentliches sagen will, also nicht zuletzt solches, das die Lebensführung von Menschen betrifft, muss sie theologische Begriffe verwenden (Liebe und Weisheit zum Beispiel). Man könnte auch sagen: Sie muss der Theologie dienen.

Während der religiöse Glaube nicht der Rechtfertigung durch die Philosophie bedarf, kann sich diese nicht der Auseinandersetzung mit dem entziehen, worum es dem Glauben der Sache nach geht, ohne sich zu verstümmeln und zu entleeren.

Der Hass auf Transzendenz führt notwendig zur Selbstüberhöhung (auch in der Negation) und zur Verwerfung des Anderen.

Wer von vornherein ausschließt, dass über das gesprochen werden kann, was nicht von der Art innerweltlicher Tatsachen ist, will ausgerechnet das zum Verstummen bringen, was Religionen wichtig ist zu sagen: Lob und Dank für die Gegenwart des Göttlichen, die Freude über das Dasein des Göttlichen und die Hoffnung auf Hilfe durch das Göttliche. Zwar sind religiöse Praktiken selbst innerweltliche Tatsachen, aber sie überschreiten doch notwendig sich selbst, denn sie meinen etwas Anderes, etwas „Überweltliches".

Die Frage ist, ob es überhaupt einen eigenständigen philosophischen Gottesbegriff gibt und geben kann oder ob nicht jeder Gottesbegriff mehr oder minder auf eine bestimmte religiöse Tradition zurückgeht. Letztlich kann man sogar bestreiten, dass ein „nichtreligiöser Gottesbegriff" überhaupt Sinn macht; jeder soziologische, psychologische usw. Gottesbegriff, der explizit nichtreligiös sein will, verfehlt ja gerade die religiöse Dimension. Das ist, als beschäftigte man sich mit Kochrezepten, ohne je zu erfahren, wie Speisen schmecken.

Es gibt keinen allgemeingültigen Begriff von Religion, nämlich keinen, der unbestreitbar und dem nicht nachzuweisen wäre, dass er ausschließt oder zumindest nicht erfasst, was ein anderer, ebenso sinnvoller Begriff erfasst, der jedoch seinerseits anderes auslässt. Wenn es aber keinen allgemeingültigen Religionsbegriff gibt, was heißt das? Dass vom Konkreten auszugehen ist, von dieser oder jener Religion, diesem oder jenem Religionsverständnis, und dass davon ausgehend weitere religiöse Phänomene zu erfassen sind. Der Religionsbegriff kann nicht abstrakt konstruiert werden, er ist empirisch zu entwickeln. Man kann nicht wissen, was Religion überhaupt ist, bevor man sich nicht mit „einer" Religion befasst.

Das Prognostische ist bei der Prophetie nur der Appendix des Diagnostischen. Dass sich aber gerade am Prognostischen die Phantasie entzündet, ist nicht verwunderlich. Auch der Arzt kann einem Patienten eine Krankheit am besten dadurch erklären, dass er ihre Folgen beschreibt, je anschaulicher, desto besser. Man will nicht so sehr wissen, was Krebs ist, man will wissen, ob und wann man daran stirbt, welche Schmerzen man haben wird usf. Und vor allem, was zu tun ist.

Religion kann nur unter der Bedingung Privatsache sein, dass sie nicht Religion ist.

Religion betrifft nie nur die Überzeugungen eines Menschen, sonder immer auch die Verhaltensweisen, die mit seinen religiösen Überzeugungen übereinstimmen, und darunter sind stets auch Verhaltensweisen, die mit anderen Menschen zu tun haben. Religion ist also immer politisch und nie privat.

„Religion ist Privatsache" heißt: Es ist egal, woran du glaubst, solange du als Teil des Systems funktionierst.

Zur Privatsache erklärte Religion ist eine Religion, die die Geschäfte nicht stören soll.

Die „Religionsfreiheit" ist eine Bedingung eines reibungslosen Kapitalismus.

Selbstverständlich fördert der Kapitalismus Gewissensfreiheit und Toleranz. Ist doch egal, wer was glaubt, solange das die Profitmaximierung durch Ausbeutung und Zerstörung nicht beeinträchtigt.

Die angebliche „Trennung von Staat und Kirche" soll immer auf eine Unterordnung der Kirche unter den Staat hinauslaufen. Es sind dann immer staatliche Gesetze, die festlegen, wo der Bereich des Privat-Religiösen aufhört und die Alleinzuständigkeit des Staates aufhört.

Ist es sinnvoll, zu sagen, die Überzeugung, dass Religion keine Privatsache sei, sei Privatsache? Und wieso soll dann andererseits die Überzeugung, Religion sein Privatsache, keine Privatsache sein, sondern eine Norm des öffentlichen Lebens?

XII

„Den Menschen" gibt es nicht, nur diesen und jenen Menschen und Menschen in der Mehrzahl. Der Mensch als solcher ist niemand. Statt „der Mensch" sollte man also lieber sagen „jeder Mensch", wenn man es denn meint.

Jeder einzelne Mensch ist einmalig und einzigartig.

Jeder Mensch ist anders als jeder andere Mensch. Es gibt auch reichlich Gemeinsamkeiten, solches, worin jeder allen anderen oder einigen anderen gleicht, im Grunde aber ist jeder Einzelne nur er selbst und kein anderer.

Die Gemeinsamkeiten mit anderen sind grundlegend für jeden. Aber erst seine Einzigartigkeit, sein Anders-als-jeder-andere-Sein sozusagen, macht ihn zu sich selbst. Seine Würde, seine Möglichkeit zur Freiheit, zu einem sinnvollen Leben ist mit seiner Einzigartigkeit verbunden, während das, was worin er anderen gleicht, seine Unfreiheit und Schlechtigkeit bedingt. Nicht weil Verschiedenheit als solche gut und Gleichheit als solche schlecht wäre, sondern weil eben nur die Besonderheit des Einzelnen seine Unabhängigkeit, Selbständigkeit, Mündigkeit erlaubt.

Jeder ist anders: So verschränken sich Besonderheit und Allgemeinheit.

Das Wesen eines Menschen sind die Weisen, auf die er sich zu anderen und zu Dingen verhält. Von einer Handlung zu sagen, sie entspreche nicht dem Wesen dessen, der sie tut, heißt, er handle für gewöhnlich anders, jetzt handle er unter Zwang oder in Verwirrung usw. „Das passt gar nicht zu ihm." Es soll aber hoffentlich nicht heißen, er habe eine unveränderliche Art zu sein, die alle seine Handlungen im Voraus festlegt.

Das Wesen eines Menschen sind auch die Weisen, auf die sich andere zu ihm verhalten, wofür sie ihn halten, was er ihnen bedeutet, was er für sie ist. Von einem Menschen zu sagen, sein wahres Wesen sei ein anderes, bedeutet, dass er gewöhnlich falsch wahrgenommen, falsch verstanden, falsch beurteilt wird.

Der Mensch ist keineswegs von seinem Ursprung her ein „Mängelwesen". Woran wären die „Mängel" denn zu ermessen? Dass er nicht wie ein Vogel fliegen, nicht wie ein Fisch tauchen kann?

Der Mensch wurde erst zum „Mängelwesen" durch seine Geschichte, durch die Formen der Vergesellschaftung und — theologisch gesprochen — durch die Sünde.

Ein Mensch ist kein Exemplar, sondern allenfalls ein Individuum.

Der einzelne Mensch ist eine Tatsache, das Individuum deren gesellschaftliche Ausgestaltung.

Das Individuum ist ebenso sehr eine Figur des Sozialen wie das Kollektiv.

Das psychophysische Problem besteht selbstverständlich darin, dass es keines gibt. Und dass man sich geradezu zwanghaft vorstellt, es müsse doch eines geben, weil Körper und Geist zweierlei Dinge seien.

Der Daseinsvollzug eines Menschen besteht nicht nur in dem, was er absichtsvoll tut oder lässt, sondern auch dem, was ihm mehr oder minder unwillkürlich geschieht: Wollen, Begehren, Empfinden. Auch Wahrnehmen und Erinnern kann unwillkürlich sein. Zwar wird man etwa das Begehren eher als Geschehen denn als Handlung verstehen wollen, aber es ist sehr wohl auf etwas gerichtet (an etwas orientiert) und, wie der nicht zufällig so heißende Willensakt, etwas, was vom Subjekt ausgeht — in diesem Sinne von ihm „gemacht" wird — und nicht Widerfahrnis von außen ist.

Die Leidenschaften sind nicht die Widersacher des Geistes, vielmehr sind sie es, die die Seele dazu antreiben, den Geist hervorzubringen. Freilich, weht erst einmal der Geist, können wiederum aufkommende Leidenschaften ihn verwehen.

Wenn Wasser kocht, entsteht Dampf. Wird die Seele in Wallung gebracht, entsteht Geist. Oder eben Ungeist. Es kommt auf die Bedingungen an.

Der Geist ist Leidenschaft, nämlich nicht zuletzt ein Drang zur Freiheit. Dabei geht es um eine Befreiung, die nicht Trennung, sondern Übersteigung ist. Das Seelische übersteigt das Körperliche, das Geistige das Seelische.

Dem Geistigen widerstrebt es, beherrscht zu werden. Der unterworfene Geist ist der unfreie, also „ungeistige" Geist.

Der gebundene Geist ist in dem Maße, in dem er gebunden ist, nicht Geist. Nur der freie Geist ist wirklicher, wahrer, eigentlicher Geist.

Geist ist unfassbar, also kein Begriff, vielmehr eine Andeutung, freilich eine sehr bedeutsame. Was mit „Geist" gemeint ist, ist nicht festgelegt und trotzdem nicht willkürlich.

Das Seelische ist sozusagen ein Mittleres zwischen Körperlichem und Geistigem.

Viele Menschen leiden unter dem Gefühl, dass ihr Leben sinnlos sei. Leider muss man den meisten von ihnen sagen: Ihr habt Recht.

Wie viel Eitelkeit steckt in der Depressivität, der Melancholie, dem Herumleiden! Depression ist oft auch ein Mangel an Demut. Der Depressive nimmt sich selbst zu wichtig und stolpert dann über seine eigene Unzulänglichkeit.

Der Körper (jeder Körper, nicht nur der beseelte) *ereignet* sich, er geschieht. Wenn man so will. „Es körpert."

Zweierlei Begriff des menschlichen Lebens: als Lebendig-Sein (biologisches Leben) und als gelebtes Leben (biographisches Leben).

Statt von biographischem und biologischem Leben könnte man auch von qualitativem und quantitativem Leben sprechen. Ist das Leben erzählbar oder messbar?

Der Mensch kann nicht nur etwas mitteilen, das können Tiere auch, er kann auch Mitteilungen zum Gegenstand von Mitteilungen machen, das unterscheidet ihn vom Tier. Der Mensch, das *animal reflexivum*.

Den Unterschied von Tier und Mensch nicht mehr als prinzipiellen, sondern als graduellen zu verstehen, ist ein wichtiger Schritt in Richtung auf Bestialität.

Was den Menschen von Tier, Pflanze, unbelebtem Ding unterscheidet, ist alles. Man muss das alles vergessen oder doch vernachlässigen, wenn man den Menschen als Ding unter Dingen haben will.

Erst als Ding unter Dingen ist der Mensch völlig be-
herrschbar.

XIII

Ein Mensch ist mehr als sein Bewusstsein. Ihm ist vieles nicht bewusst, was ihn ausmacht, sowohl habituell als auch aktuell.

Jemand hat Bewusstsein — besser: er ist sich bewusst —, aber niemand „ist" sein Bewusstsein.

Mein Unbewusstes ist eben vor allem dies: *mein* Unbewusstes (und nichts Kollektives).

Das Bewusstsein ist, wenn man so will, eine Aktivität, aber es ist kein Akteur. Das Bewusstsein entscheidet nichts, es „tut" nichts. Wie sein Name schon sagt: *Es ist.*

Nicht einmal das Denken geht darin auf, Bewusstsein und nichts als Bewusstsein zu seit. Vielmehr gehört zum Denken einiges, dessen der, der denkt, sich nicht bewusst ist: Prämissen, Implikationen, Assoziationen, Querverweise, Schlüsse. Man könnte sagen, dass das Bewusstsein eine Funktion des Denkens ist, dass dieses jenes gleichsam aus sich hervortreibt und sich damit selbst durchquert.

Das Denken begreift nicht nur das, was es fassen kann, sondern es greift auch nach dem, was an ihm vorüberströmt, durch es hindurchgeht und es übersteigt, ohne je fassbar zu sein. Davon wird das Denken berührt und es lässt sein Begreifen nicht unverändert.

Das Bewusstsein ist kein Strom, sondern, wenn schon, etwas Durchströmtes.

Es ist schon bemerkenswert, mit wie viel Aufwand manche beweisen wollen, dass der Wille unfrei ist.

Wenn mein Wille unfrei ist, ich mich also nicht entscheiden kann, auch nicht für das bessere Argument, dann ist sinnlos, über Willensfreiheit zu streiten. Jeder muss dann die Meinung haben, die er eben haben muss, er ist dann nicht frei, etwas für wahr zu halten. Er muss dann zu Beispiel fest daran glauben, dass es keine Willensfreiheit gibt, auch das nicht wahr ist.

Die Paradoxie aller Determinismen (Gene, Hirn, Schicksal, eherne Gesetze der Geschichte usw.): Wenn es nicht der freie Einzelne ist, der sich im Hin und Her der Argumente für das entscheidet, was er für wahr hält, sondern wenn er glauben muss, was ihm (genetisch, zerebral, historisch, ökonomisch, göttlich) auferlegt ist zu glauben, dann ist auch das Fürwahrhalten eines Determinus nur ein solch Zwang und hat nichts damit zu tun, ob er wahr ist.

Zwar wird heutzutage Willensfreiheit gern theoretisch bestritten, aber praktisch vor allem als konsumatorische Wahlfreiheit sowohl unterstellt als auch aufgehoben. Das Subjekt soll *seine* Wahl treffen, aber es wird erwartet, dass es sie gemäß *seinen* Vorlieben, Gewohnheiten, Prägungen trifft, also gemäß seinem festgelegten Sosein.

Es gibt keinen Begriff des (freien) Willens ohne den Begriff der Person.

Bewusster Wille ist nicht Wille überhaupt. Ich kann etwas wollen, ohne zu wissen, dass ich es will. Mehr noch: Damit ich mir bewusst sein kann, etwas zu wollen, muss ich es schon wollen. Das Bewusstsein des Wollens ist also gegenüber dem Wollen selbst immer nachträglich.

Das Bewusstsein will nichts, es ist allenfalls Bewusstsein des Wollens. Bewusster Wille ist gerade nicht wollendes Bewusstsein. Der Wille entstammt nicht dem Bewusstsein, er kommt sozusagen nur ins Bewusstsein hinein. Oder, anders gesagt, das Bewusstsein stülpt sich ihm über.

Wer aber will, was ich will, wenn nicht ich? Ich bin doch nicht nur das, dessen ich mir von mir bewusst bin. Auch das Unwillkürliche, keinem bewussten Willensakt Zugehörige gehört zu mir dazu. Wenn ich aber, beispielsweise, einem Schlag ausweiche und die Arme unwillkürlich schützend nach oben reiße, bin das dann nicht ich, der so handelt? Bin nicht ich es, der atmet? Ist es nicht mein Herz, das in meiner Brust schlägt?

Muss man wirklich daran erinnern, dass es „Freiheit des Willens" heißt und nicht „Freiheit des Bewusstseins"?

Im Wollen verschränken sich Freiheit und Unfreiheit. Denn jedes Wollen hat Bedingungen, unter denen es entsteht und sich vollzieht.

Die Unterscheidung von freiem und unfreiem Willen (der als unfreier eigentlich gar kein Wille mehr ist) genügt nicht, um Subjektivität zu verstehen. Man muss auch von der Komplizenschaft sprechen, zu der das System die Subjekte nötigt. Ihr Wille ist zwar frei, aber sie sind eingebunden in Unfreiheit. Das geht zuweilen so weit, dass sie Untertanen, gar Sklaven sein wollen.

Kann ein Mensch wirklich unfrei sein wollen? Begreift der Begriff des Wollens nicht den der Freiheit mit ein? Heißt etwas zu wollen denn nicht, sich dafür zu entscheiden? Heißt entscheiden nicht, die Entscheidung selbst zu treffen? Ist ein „unfreier Wille" überhaupt einer? Das leugnet nicht die Zwänge und Zwangsläufigkeiten. Gerade die Einschränkungen der freien Willensbildung und Willensausausübung verweisen aber doch darauf, dass der Wille eigentlich frei sein soll.

Unfreiheit reizt dazu, frei sein zu wollen. Aber vielleicht nur den ohnehin schon „innerlich" Freien.

XIV

Jeder macht die Grunderfahrung von Zugewandtheit und Abgewandtheit. Irgendwann entdeckt man, dass die anderen ein eigenes Leben führen, dass etwas auch dann existiert, wenn man nichts damit zu tun hat und dass es Wirkliches gibt, das unverfügbar ist.

Subjekt zu sein ist ein dynamischer Prozess. Und ein Status nur insofern, als ein Moment dieses Prozesses isoliert wird. Das Subjekt konstituiert nicht seine Subjektivität, aber es hat Anteil daran, sie zu konstruieren. Dass es ein Subjekt ist, liegt dem Subjekt voraus, aber es kann seine Subjektivität einzuholen und sie zu gestalten versuchen.

Subjektivität konstituiert das Subjekt. Anders gesagt, dass es Subjektivität gibt, liegt dem einzelnen Subjekt voraus und bestimmt zwar nicht, dass es das Subjekt gibt, aber wie es das Subjekt gibt.

Dass ein Subjekt ein Subjekt ist, hat es selbst nicht bewirkt. Es hat seine Subjektivität sozusagen „geerbt".

Die Subjektwerdung hat sozusagen keinen Anfang. Oder nur einen, der einer der anderen ist. Sie beziehen sich auf ein Subjekt, schon bevor es existiert.

Jemand wird zum Subjekt, weil er immer schon eines ist. Er wird als Subjekt geboren, ja schon gezeugt — und sogar bereits im Voraus gedacht.

Die Subjektivität liegt als Form schon bereit, bevor das Subjekt sie annimmt, um als soziales Wesen zu existieren.

Das „transzendentale" Subjekt, also das Subjekt ohne Erfahrung, ist niemand. Erst Erfahrung macht einen zu dem, der man ist.

Und doch: Wenn das Subjekt ausschließlich durch Erfahrung zu dem geworden ist, das es ist, wer hat diese Erfahrungen dann gemacht?

Das Subjekt liegt seinen Erfahrungen zu Grunde, die es begründen. Wie aber soll ein erfahrungsloses („transzendentales"), also abstraktes, unpersönliches Subjekt überhaupt Erfahrungen machen? Muss der konstituierten Subjektivität nicht eine Präsubjektivität vorausliegen, die sozusagen apriorische Erfahrungen hat und darum bereits persönlich und konkret ist?

Muss die der Existenz des Subjekts vorausliegende, sie ermöglichende Präsubjektivität von der Subjektivität anderer hergeleitet werden? Indem sie das noch gar nicht existierende Subjekt erwarten und es wollen, bestimmen (gestalten) sie bereits die Bedingungen seiner Möglichkeit.

Das Subjekt ist nicht das Subjekt seiner selbst.

Subjekt sein heißt: unter anderem sein.

Ohne Untertanen keine Herrschaft. Darum ist unterworfen zu sein und zu Grunde zu liegen dasselbe: *subiectum*.

Das „souveräne Subjekt" ist ein hölzerne Eisen. Denn etwas ist entweder etwas Untertan oder Herrscher, liegt zu Grunde oder steht über allem.

Nicht das Subjekt begründet die Welt; in dem Sinne, dass es, was gibt, nicht gäbe, wenn es dieses Subjekt nicht gäbe.

Sondern die Welt — hier verstanden als das dem Subjekt Vorgängige — begründet das Subjekt.

Ausgerechnet aus dem Menschen, dem Spielball so vieler auf ihn einwirkender Faktoren den zu machen, der die Welt begründet, muss ein schlechter Witz sein. Ein Mensch bringt nicht einmal sich selbst hervor, geschweige denn alles andere.

Es gibt Intersubjektivität, zumindest spricht man von ihr, aber merkwürdigerweise keine Intersubjekte. Oder doch? Wäre „Intersubjekt" eine passende Bezeichnung für das imaginäre Subjekt, dem man unterstellt, wahrzunehmen, zu denken, zu sagen usw., was „man" wahrnimmt, denkt, sagt usw., also eine Bezeichnung für hypothetische Subjekte wie „den Menschen", „den Bürger", „den Leser" usw.?

Vom Intersubjekt wäre das „Übersubjekt" zu unterscheiden. Während jenes eine Vorstellung ist, an der jeder teilhaben, mit der jeder sich zumindest teilweise „identifizieren" kann („Wir Menschen", „wir Bürger", „wir Steuerzahler"), ist das Übersubjekt (Hypersubjekt) der andere in Gestalt völliger Entfremdung und Abstraktion, eine Vorstellung, die niemand verkörpern kann, vor der er sich nur verneigen kann: „die Menschheit", „das Proletariat", die Nation" usw.

Isoliert betrachtet, gibt es weder Subjekt noch Objekt. Erst der Bezug von etwas (jemandem) zu etwas (jemandem) lässt etwas (jemanden) Subjekt von Objekten oder Objekt eines Subjekts sein.

Das Verhältnis vom Subjekt zum Objekt ist die Intention, das Verhältnis vom Objekt zum Subjekt ist die Extention.

Gegenstände (des Denkens, des Redens, des Handelns) stehen dem Subjekt entgegen, sie widerstehen ihm und scheinen sich ihm oft genug zu widersetzen.

Die ontologischen Entsprechung zu den pragmatologischen (also auch epistemologischen) Ausdrücken „Subjekt" und „Objekt" sind „Substrukt" und „Obstrukt".

Fände das Subjekt bei Objekten keinen Widerstand, wären sie womöglich rein imaginär. Reale Objekte aber sind nicht immer verfügbar. Sie widersetzen sich. (Oder werden zumindest wirklich als sich widersetzend erlebt.)

Objekte sind nicht nur resistent gegen Subjekte und oft geradezu renitent, die Subjekte erfahren die Obstruktur der Dinge oft genug auch als Obsistenz. Ohne diese aber zum Beispiel auch keine Brauchbarkeit.

Es ist schon merkwürdig, dass oft die „unabhängige", subjektlose Existenz der Objekte postuliert wird, aber zu Recht niemand (außer wirren Philosophen) auf die Idee kommt, ein von den Objekten völlig unabhängiges Subjekt denken zu wollen. Eine gegenstandslose Subjektivität gibt es nicht.

XV

Die geläufige Vorstellung dessen, was es heißt, dass etwas „real existiert", besteht darin, dass dieses Etwas zunächst völlig unabhängig von irgendeiner Wahrnehmung existiert (und die Wahrnehmung oder zumindest Berechnung erst nachträglich hinzukommt). „Existieren" und „unabhängig sein" gelten sozusagen als dasselbe. Aber ein solches Existieren gibt es immer nur als Unterstellung. Man weiß schlicht nicht, was es mit etwas auf sich hat, wenn man nichts davon weiß, und kann darum nichts weiter darüber sagen.

Wen es nach einer „objektiven, unabhängig vom Subjekt existierenden Realität" verlangt, der will darüber sprechen, dass und was und wie etwas ist, insofern er *nicht* weiß, dass und was und wie es ist. Er will also etwas Unsinniges, im Grunde Paradoxes, Absurdes und Unmögliches.

Ob etwas existiert, von dem niemand weiß, dass es existiert, weiß man nicht.

Die Idee einer reinen, nämlich subjektlosen Objektivität hat für viele Subjekte etwas Beruhigendes und Erhebendes, etwas sehr Entlastendes. Letztlich meint das: Nicht ich denke (und bin also dafür haftbar zu machen), sondern es denkt.

Dieser merkwürdige Wunsch, Dinge so zu beschreiben, wie sie sind, wenn sie nicht beschrieben (ja nicht einmal wahrgenommen) werden: das Ideal der „reinen" (subjektlosen) Objektivität.

Reine (also subjektlose) Objektivität ist eine Idee, die nur Subjekte haben können. Objekte sind nie objektivistisch.

Die Lächerlichkeit des Objektivismus sollte sich zeigen, wenn man ihn dahingehend formuliert, sein Anspruch bestehe darin, die Dinge so zu sehen, wie sie sich selbst sähen, wenn sie sehen könnten.

Der „Objektivismus" ist ein ontologischer Dualismus. Denn für ihn existieren die Dinge zweimal: Einmal als etwas, das wahrgenommen, vorgestellt, ausgesagt usw. wird, also Gegenstand menschlicher Praktiken ist. Und dann existieren die Dinge noch ein zweites Mal, nämlich „an sich".

Der Versuch, etwas so zu denken, wie es wäre, wenn man es nicht dächte, ist ein ganz besonderes Kunststück! Ich soll mir dabei vorstellen, wie etwas ist, wenn und insofern ich es mir nicht vorstelle ... Aber eines ist es, das Gedachtwerden des Gedachten „einzuklammern" (also methodisch zu ignorieren), und etwas anderes, es ontologisch und epistemologisch zu leugnen.

Der Objektivismus ist ein verschleierter und darum umso massiverer Subjektivismus: Das ausgeblendete Subjekt der „rein objektiven" Sicht der Dinge kehrt unbewusst wieder als eine Sichtweise, die eigentlich nur Gott zukäme (wenn es ihn gäbe). Im Grunde ist der Objektivismus des naturwissenschaftlichen Diskurses eine nur durch methodische Beschränkung und subjektives Unwissen gezügelte Allmachtsphantasie: Ich vermag alles so zu sehen, wie es wirklich ist, ohne dass ich bloß ich bin, sondern es ist reine Schau.

Nur der verheimlichte Gottesstandpunkt des Objektivismus garantiert ein Sein jenseits aller Subjektivität.

Objekte gibt es nur für Subjekte. Subjekte werden zu solchen in Bezug von und zu anderen Subjekten und zu Objekten. Insofern ist „subjektiv *oder* objektiv" eine falsche alternative. Immer besteht beides. Es geht nämlich um Verhältnisse.

Das Subjekt setzt das Objekt nicht. Vielmehr erfährt es die Gesetztheit des Objektes als etwas ihm, dem Subjekt, Entgegengesetztes, ihm Fremdes.

Die Objektivität geht nicht aus der Subjektivität hervor und geht nicht in ihr auf.

Das Objektive ist nur in dem Maße ein Effekt des Subjektiven, wie dieses ein Effekt von jenem ist.

Dass das Objekt nicht *durch* das Subjekt existiert — oder nur insofern, als auch dieses durch jenes existiert — heißt nicht, dass das Objekt *ohne* das Subjekt existiert.

Objekt und Subjekt sind „gleichursprünglich", da das eine ohne das andere nicht sinnvoll zu denken ist.

Weil Objektivität wesentlich als Obstruktivität erfahren wird (als Entgegengesetztheit der Gegenstände und Widersetzlichkeit der Dinge), bleibt sie ein unerschöpfliches Thema, an dem das Subjekt sich abzuarbeiten hat.

Dass die von den Naturwissenschaften beanspruchte „Objektivität" sehr wohl etwas Subjektives, zumindest etwas ans Subjekt zu Vermittelndes ist, zeigt sich daran, dass von den Naturwissenschaften nicht nur Tatsachen behauptet werden, sondern stets nach Beweisen gesucht wird. Wem aber soll etwas bewiesen werden? Doch nicht den Dingen. Also offensichtlich den Subjekten, deren Zustimmung zu Beweisen erkenntnisstiftend ist.

Die Idee der abstrakten Objektivität (der „Dinge an sich")
könnte auf ein Missverständnis der Intersubjektivität zurückgehen: Es gibt dieses Objekt für mich, es gibt dieses
Objekt für dich, *also* gibt es dieses Objekt „an sich", nämlich unabhängig davon, ob es ein Objekt für mich oder
dich ist. Aber diese vermeintliche Unabhängigkeit hypo-
stasiert eine Objektivität, die ihrem Wesen nach nicht ohne
jedes Subjekt auskommen kann. Dass von diesem oder jenem Subjekt abstrahiert werden kann, bedeutet nicht, dass
im Hinblick auf die Objekte von jeglicher Subjektivität abstrahiert werden kann.

Das abstrakte Objekt fungiert als das gegebene Dritte, das
weder mein, noch dein, noch sonst irgendjemandes Objekt
ist. Aber wenn es niemandes Objekt ist, ist es überhaupt
kein Objekt. Wenn schon, dann ist das abstrakte Subjekt,
das weder ich bin, noch du bist, das gegebene Dritte —
eine Notwendigkeit, ohne die Objektivität gar nicht sinnvoll gedacht werden kann.

Man muss sich von dem Vorurteil lösen, „objektiv" und
„subjektiv" seien Gegensätze in dem Sinne, dass Objekti-
ves nicht-subjektiv und Subjektives nicht-objektiv sei. Es
handelt sich bei Objekt und Subjekt aber nicht um solche
Gegensätze, sondern vielmehr, bildlich gesprochen, um die
entgegengesetzten Enden ein und desselben Aktes. Ein Objekt ist immer Objekt eines Subjektes und insofern „subjektiv", ein wahrnehmendes, vorstellendes, erwähnendes, be-
arbeitendes usw. Subjekt ist immer ein Subjekt eines Objektes und insofern „objektiv".

Was man allerdings unterscheiden muss, ist das „nur Subjektive" vom „nur Objektiven". In beide Fällen handelt es
sich um Verkürzungen oder, wenn man so will, um „Be-
schneidungen", bei denen das Subjektive seines notwendig

Objektiven, das Objektive seines notwendig Subjektiven beraubt wird.

Die Zurückweisung jedes „Objektivismus" führt mitnichten zu einem „Subjektivismus", gar „Egoismus". Dass jede Wahrnehmung, jede Vorstellung, jede Rede von etwas die Wahrnehmung, Vorstellung, Rede von jemandem sein muss, bedeutet nicht, dass es *meine* Rede, Vorstellung, Wahrnehmung zu sein hat. Es geht ganz und gar nicht darum, dass etwas nur existiert, wenn es mein Gegenstand ist, sondern darum, dass vom Sein von etwas nur die Rede sein kann, wenn und insofern es Gegenstand von jemandes Rede ist, dass etwas nur vorgestellt oder wahrgenommen werden kann, wenn und insofern es Gegenstand von jemandes Vorstellung oder Wahrnehmung ist. Die Gegenständlichkeit „erzeugt" nicht das Sein, sondern zu allem Seienden, das Gegenstand ist, gehört, dass es Gegenstand ist. Ein Seiendes, das nicht Gegenstand ist, ist nicht Gegenstand. Wohl kann, wovon jetzt nicht gesprochen wird, was jetzt nicht wahrgenommen oder vorgestellt wird, zu anderer Zeit Gegenstand der Vorstellung, Wahrnehmung, Rede sein. Was aber nie dazu wird, davon weiß man nichts und darüber kann man nichts sagen (außer eben das). Und sehr wohl gibt es allerhand, wovon ich nichts weiß, worüber ich nicht spreche, was ich mir nie vorstelle und was ich nie sehe, höre, rieche, schmecke oder berühre, und was doch existiert. Davon aber kann ich nur insofern einen Begriff haben, als überhaupt irgendjemand davon spricht.

XVI

Die Wirklichkeit ist keineswegs schlicht aus Dingen zusammengesetzt. Vielmehr kann jedes Ding begriffen werden als die Verhältnisse, die man zu ihm hat oder haben kann.

Ein Ding ist ein Verhältnis, das die Wirklichkeit zu mir hat. Praxis heißt, dass ich in dieses Verhältnis eingreife. Ein solcher Eingriff ist es im Grunde schon, wenn ich ein Ding wahrnehme. Zwar kann mir Wahrnehmung auch bloß widerfahren, aber ich kann sie auch absichtlich herbeiführen. (Passive Praxis könnte heißen, dass ich mich von etwas verändern lasse, aktive Praxis, dass ich etwas verändere.)

Dinge interessieren sich nicht für Menschen. Selbst dann nicht, wenn sie ihn, wie etwa Viren oder Pilze, befallen. Eine gewisse Ausnahme bilden anhängliche Tiere.

Der Mensch geht die Dinge nichts an.

Im strengen Sinne handeln nur Personen, aber auch Dinge sind tätig: Ein Ding steht dem Menschen entgegen, es ist Gegenstand, es widersteht ihm, sonst gäbe es keine Fassbarkeit, es widersetzt sich ihm und entzieht sich ihm.

Diese Obstruktur ist die Weise, in der das Dass-Sein der Dinge erfahren wird. (Insofern wird sie *positiv*, also als Gegebenheit erfahren.)

Die Obstruktur der Dinge kann nur durch menschliche Praktiken (aktive und passive) erfahren werden, sie ist sozusagen ein Moment derselben. Ob außerhalb menschlicher Erfahrungen Obstrukte „existieren", kann nicht sinnvoll gesagt werden.

Die Obstruktur der Dinge ist ein soziales Phänomen. Materialität ist die gemachte Voraussetzung des formgebenden Einwirkens. Wäre da nichts, was geformt werden könnte, gingen die „reinen" Formen ins Leere. Erst der Widerstand des Dinglichen erlaubt, dieses zum Gegenstand von Gestaltung zu machen.

Es gehört zum Wesen der Dinge, dass ihre Obstruktur gerade ihre wesenhafte Nichtigkeit verschließt: Die Unzugänglichkeit des Unzugänglichen. Dadurch stehen die Dinge in ihrer Bedingtheit dem Zugriff offen.

Bildet somit nicht die Negation den Wesenskern der Dinge: Letztlich nicht verfügbar, nicht wahrnehmbar, nicht denkbar zu sein? Ist das „Ding an sich" nicht eigentlich nichts? Indem so die wesentliche Nichtigkeit des Bedingten sich erweist, verweist sie auf die Fülle des Unbedingten.

Die Undurchlässigkeit der Dinge als Kernbestand ihrer Obstruktur.

Obsistenz ist die Bedingung von Materialität. Materielle Objekte haben sozusagen eine besonders dichte Obsistenz.

Man muss über das Materielle „erhaben" sein, um sich seiner bedienen zu können. Andernfalls wird man von ihm benützt.

Von Menschen kann man lernen, was ein Ding ist, aber von Dingen kann man nicht lernen, was eine Person ist.

Personen sind nicht besondere Fälle von Dingen.

Ein Ding ist etwas, mit dem keine Verständigung möglich ist. Eine Person ist jemand, dem man sich gegebenenfalls verständlich machen und den man gegebenenfalls verstehen kann.

Sein, das verstanden werden kann, ist Sprache? Sein, das sich verständlich machen kann, ist Person. (Tiere versteht man nicht. Man erklärt sich nur ihr Verhalten.)

Person sein heißt, berechtigte oder unberechtigte Ansprüche stellen zu können.

Die Unhintergehbarkeit der Person: Sie kann zwar hintergangen werden, aber eben nur in der Weise des Betrugs. Ehrlicherweise ist die Person ein Gegenüber, hinter das man nicht gelangt, so sehr man die Subjektivität des Subjekts auch in Akte und Voraussetzungen auflösen mag.

Das Geheimnis, das eine Person, jede Person ausmacht, ist, dass sie keinen Kern, kein Inneres, kein Zentrum hat. Eine Person denkt, fühlt, handelt, entscheidet usw. als ganze, als ein Zusammenhang. Es ist nicht etwas „in" ihr, das ihre Entscheidungen trifft, ihre Wahrnehmungen macht, ihre Gefühle fühlt, ihre Gedanken denkt. Sie selbst ist es. die das alles vollzieht, sie *ist* ihre Vollzüge. (In diesem Sinne gibt es „keinen Täter hinter der Tat", denn der Täter geschieht *in* der Tat, er ereignet sich als seine Taten. Allerdings seine ihn gegenwärtig ausmachenden Taten, nicht das, was ihm als Verhaltensmuster zugeschrieben wird.)

Die Person kann (auch von sich selbst) überschritten oder unterschritten werden.

Ein Mensch ist kein Ding und ein Ding ist kein Mensch. Den Unterschied von Person und Sache zu verwischen und unkenntlich zu machen, ist das Ziel der Moderne.

Der Versuch, den Unterschied von Person und Ding einzuebnen, läuft selbstverständlich nicht darauf hinaus, Dinge wie Personen, sondern Personen wie Dinge zu behandeln.

Das Ich soll wohl Person als Ding sein. Also Holz als Eisen, ein Kreis als Quadrat.

Dass die Dinge dinghaft sind, ist ihnen nicht vorzuwerfen. „Verdinglichung" betrifft darum nur Personen. Dinge als Dinge zu nehmen, ist unproblematisch, Personen als Dinge zu nehmen, unstatthaft.

Die Einzigartigkeit des Einzelnen widerspricht nicht grundsätzlich seiner Gleichheit mit anderen. Aber die Gleichsetzung widerspricht der Einzigartigkeit. Jeden so zu nehmen, wie er ist, ihm gerecht zu werden, setzt Vergleichbarkeit ebenso voraus wie die Möglichkeit von Ungleichheit.

Dass jeder Mensch einzigartig ist, stiftet gerade eine überindividuelle Gleichheit. Dass einige „einzigartiger" sind als andere, also ihre ihre Einzigartigkeit stärker hervortritt, sich stärker betätigt als bei anderen, ändert daran nichts.

Die Idee der „Gleichwertigkeit" der Menschen ist insofern problematisch, als von gleichem Wert ja nur die Rede sein kann, wenn überhaupt ein Wert zugesprochen wird. Welchen Wert aber hat ein Mensch? Wenn überhaupt, kann vom Wert eines Menschen in funktionalem Zusammenhang die Rede sein: In bestimmtem Zusammenhang ist ein Ingenieur „wertvoller" (nämlich: nützlicher) als ein Literaturprofessor, in anderen ist es umgekehrt. Einen „Wert an sich", also unabhängig von einer Funktion innerhalb eines konkreten Zusammenhanges, gibt es nicht. Also können auch nicht alle Menschen gleichwertig sein.

Gibt es minderwertige Menschen? Menschen, die besonders unfähig sind oder besonders böse? Selbstverständlich gib es sie. Aber der „Wert", den eine solche Wertung setzt, bemisst sich an bestimmten sachlichen oder moralischen Leistungen, die erbracht werden sollten (und nicht erbracht werden), es meint also entweder eine Funktionsuntüchtigkeit („X ist ein schlechterer Tischler als Y") oder moralische Verkommenheit.

XVII

Ein Mensch wird zur Welt gebracht, nicht in die Welt gesetzt oder geworfen. Dann ist er auf der Welt. Darum ist das Auf-der-Welt-Sein als Weise des Zur-Welt-Seins grundlegend für das Dasein.

Zur-Welt-Sein und Auf-der Welt-Sein sind also primär. In-der-Welt-Sein ist demgegenüber sekundär, weil es schon einen Begriff von Welt als geschlossener voraussetzt.

Welt ist eher ein Draußen als ein Drinnen. Was „draußen in der Welt" geschieht, geschieht nicht hier. Wer „in die Welt hinaus zieht", geht fort von hier.

Die Welt beginnt eigentlich erst jenseits des Horizonts. Das Hier ist zwar auch irgendwie in der Welt, aber je ferner etwas ist, desto mehr ist es Welt. Allenfalls lässt sich „unsere Welt" oder „meine Welt" in Abgrenzung von der Welt überhaupt als Nahes und Vertrautes erleben.

Welt ist ein Grenzbegriff, kein Sammelbegriff. Daher das Missverständnis, was innerhalb der Grenzen der Welt sei, sei „in der Welt".

Kein Mensch hat sich selbst zur Welt gebracht, kein Mensch hat die Welt geschaffen. So könnte denn die Welt als Gabe verstanden werden, als Vorgabe der anderen (womöglich des einen Anderen), mit der etwas anzufangen ist.

Welt gibt es nur durch die anderen, von ihnen her, in Bezug auf sie, mit ihnen.

Was für ein Unsinn! Keineswegs „setzt" ein „Ich" sich ein Nicht-Ich, die Welt, gegenüber. Vielmehr erfährt der

Mensch von Anfang an seine Umgebung als ihm zugewandt (gleichsam an ihn „adressiert"), woraus er als der
hervorgeht, der (nachdem er eine Weile von sich in der
dritten Person gesprochen hat) von sich „ich" sagt.

Der Begriff der Welt verweist darauf, dass es mehr geben
muss als die Welt. Denn wenn die Welt „alles" wäre,
brauchte man keine Bezeichnung für sie — und könnte
keinen Begriff von ihr bilden. Hier verdreht die Sprache,
selbst etwas Endliches, das Verhältnis von Negation und
Position: Das Endliche ist eigentlich das Nicht-Unendliche
und was unendlich genannt wird, ist eigentlich positiv.

Dass es Endliches gibt, impliziert, dass es etwas gibt, das
nicht endlich ist. Sonst wäre nämlich das Endliche alles —
und damit gerade nicht endlich.

Das Endliche ist begrenzt, beschränkt, nicht total, also *per
definitionem* nicht das, was das Ganze ist.

Auch die Gesamtheit alles Endlichen, „Welt" genannt, ist
endlich. Und insofern nicht das Ganze.

Ein Denken, das sich wirklich auf die Endlichkeit der Welt
und dessen, was in der Welt begegnet einlässt, muss gerade darum offen bleiben für das Nicht-Endliche, das Unendliche.

Der Begriff des Endlichen impliziert die Existenz eines Un-
endlichen als Transzendenz eben der Endlichkeit, die als
untranszendierte und untranszendierbare aufhören müsste, Endlichkeit zu sein.

Für die einen ist die Welt grundsätzlich geordnet und diese
Ordnung wird nur hin und wieder durch diese oder jene
Handlung oder ein Ereignis gestört. Für andere, mich

etwa, ist die Welt tatsächlich in heilloser Unordnung und nur manche Handlungen sind auf Ordnung gerichtet, die freilich erst nach dem Untergang der bestehende Unordnung als neue Ordnung anbrechen wird.

Ich bestehe auf der Empirie der Transzendenz. Diese ist nichts bloß Gedachtes (also womöglich Ausgedachtes), sondern durchaus etwas Erfahrenes, etwas, dass dem Einzelnen widerfährt. Es mag sich bei den Vielen und Meisten um eine unbeachtete, sogar verdrängte Erfahrung handeln, die doch darum, wie sich zeigt, wenn sie nicht beiseite gedrängt, sondern ernst genommen und durchdacht wird, zu den unbedingten Bedingungen der Wirklichkeit gehört.

Die Rede von einer „Immanenz" erübrigt sich, wenn die Erfahrung der Unterschiedenheit von selbst und Anderen gelten gelassen wird: Du bist mir nicht immanent, ich bin dir nicht immanent. Vielmehr übersteigen wir einander — aufeinander zu oder von einander weg. Und diese Bewegung (Transzendenz) ist Bedingung unseres Seins, das am allerwenigsten in Identität und Immanenz aufgeht.

Die Idee der „Multiversen" (parallelen oder ineinander geschachtelten Universen) ist in sich widersinnig. Versteht man das Weltall (Universum) als das Ganze dessen, was die Welt ist, dann gilt offensichtlich: Wenn es außer dem Ganzen noch ein zweites Ganzes, gar viele, schier unendlich viele „Ganze" gäbe, wäre ein Ganzes eben — also dieses Universum — nicht alles, erst die Gesamtheit aller „Ganzen" wäre das Ganze

XVIII

Natur kommt in der Natur nicht vor. Es gibt sie nur innerhalb und durch Kultur. Die Natur ist eine menschliche Erfindung.

Selbstverständlich kann man einen rein formalen Begriff von Natur setzen, indem man etwa bestimmt, Natur sei die Gesamtheit dessen, was vom Menschen weder hervorgebracht noch bearbeitet worden ist. Aber eine solche negative Definition ist willkürlich und abstrakt. Ebenso gut könnte man sagen: X ist die Gesamtheit dessen, was nicht eckig ist. Na und? Deshalb ist X noch kein Etwas, „existiert" nicht, hat keine Ordnung und Notwendigkeit usw. Derartiges ist aber mit „der Natur" für gewöhnlich gemeint: eine wirklich existierende, geordnete und ordnende Entität.

Dass etwas „von Natur aus" so und so ist, bedeutet nur, dass es nicht von Menschen gesetzt, nicht geschichtlich geworden ist. Aber diese „Natürlichkeit" (Naturwüchsigkeit) begegnet nur innerhalb menschlicher Belange und kann auch nur dort vorkommen und sinnvoll sein. Die Natur selbst hat kein Selbstsein.

Ohne den Menschen geht es nicht, wenn man Natur als all das bestimmt, was nicht von Menschen gemacht ist.

Es gibt eine natürliche Normativität, aber keine Normativität der Natur. Will sagen: Es gibt Normen, die nicht gesetzt sind, sondern sich „aus der Natur der Sache" mehr oder minder ergeben (und darum vernünftig einsehbar sind). Aber es gibt keine Norm dafür, wie das zu sein hat, was man „Natur" nennt. Sie ist, wie sie ist, es gibt für sie kein Sollen. Der Löwe frisst das Lamm, aber wenn von Natur aus das Lamm den Löwen fräße, wäre daran nichts „unnatürlich" oder unethisch. — Im Namen der Vernunft gegen eine Naturkatastrophe zu protestieren, ist völlig irrational.

Natur ist Interpretation und schon insofern Kultur. Denn man kann zwar diesen Baum, diesen Stein, diese Wolke, diesen Sonnenaufgang usw. sehen, aber „die Natur" kann man niemals wahrnehmen. Dass alles, was nicht vom Menschen geschaffen ist, „Natur" sei, ist ein Begriff, der in der Natur nicht vorkommt. Schon deshalb nicht, weil in der Natur überhaupt keine menschlichen Begriffe vorkommen.

Die sogenannte Natur ist keine Tatsache, sondern bestenfalls eine bestimmte Deutung von Tatsachen, nämlich die Unterstellung eines Zusammenhangs, einer Ordnung.

Dass die Natur keine Geschichte hat und keine Geschichte haben kann, steht in eklatantem Widerspruch dazu, dass die Geschichte der Natur wieder und wieder erzählt wird.

Der Mythos der Natur ist *Ersatz* für Theologie und *Füllsel* der Leere, die nach der Erkenntnis der Nichtigkeit der Natur zurückbleibt.

Die „Natur" ist nur dann sinnvoll, wenn sie hervorgebrachte, also doch wohl geschaffene Natur ist. Eine sich selbst aus nichts hervorgebracht habende Natur wäre völlig sinnlos.

Man kann aus der „Natur" nur die Rationalität herauslesen, die man vorher in sie hineingelesen hat.

Zwischen dem Natürlichen und dem Konstruierten unterscheiden zu wollen, ist dann unsinnig, wenn man Natur als Schöpfung versteht, also als Konstrukt Gottes. Eine

„natürliche Natur" ist dann nur als ideologisches Konstrukt verständlich.

Man spricht mir von den Schönheiten der Natur. Ich aber sehe vor allem ihre Grausamkeit, die Gier der Lebewesen, ihre Rücksichtslosigkeit und ihre Geilheit. Gewiss, es gibt im Zusammenleben auch das Miteinander und den wechselseitigen Nutzen. Weit häufiger aber herrscht das Gegeneinander. Fressen und Gefressenwerden. Man vernichtet bedenkenlos den anderen, um das eigenen vergängliche Leben zu fristen.

Was ist Natur? Fressen und Gefressenwerden, Nachkommen in die Welt setzen, sterben. Alles in der Natur strebt zum Zerfall, zur Zersetzung, zur Auflösung.

Natur ist Vergänglichkeit, Niedergang, Zerfall, Verwesung. Was man hingegen Geist nennt, ist Synthese, Konstruktion, Setzung, Gestaltung.

Gewiss, es gibt Formen und Materialien, das eine nicht ohne das andere. Was aber soll dann „Materie" sein? Stoff ohne Gestalt, Stoff an sich, Stoff von allem? Aber so, wie es auf die Verschiedenheit der Formen ankommt, um die Wirklichkeit zu verstehen, kommt es doch auch auf die Materialien ab: Woraus ist etwas? Wenn alles nur aus einer Sache besteht, ist alles gleichgültig.

Materie soll wohl das eine Ding sein, aus dem alle anderen Dinge sind. Sozusagen das totale Ding (die reifizierte Totalität).

Die totale Materie, das Welteinheitsding, wird postuliert, um nur ja keinen Platz für Geist zu lassen, gar für Gott.

Der Materialismus — „Alles ist Materie" — scheint mir eine metaphysische Verklemmung zu sein. Man leugnet das Offensichtliche, und je offensichtlicher es ist, desto hartnäckiger und heftiger leugnet man. Man will nicht wahrhaben, was man nicht billigt. Man will wahrhaben, was die eigenen Ressentiments befriedigt und die eigenen Ängste beschwichtigt. Man klammert sich an Ideologeme, weil man ihnen die Macht zutraut, Großes kleinzumachen und Hohes zu erniedrigen.

Kann es einen nicht-deterministischen Materialismus geben? Wenn alles Materie ist bzw. Materie alles ist, zumindest alles, was zählt (weil alles, was nicht unmittelbar materiell ist, aus Materiellem abzuleiten ist), ist dann eine Materie denkbar, die *nicht* den Naturgesetzen unterliegt, die nicht vollständig den Naturgesetzen unterworfen ist? Was für eine seltsame Metaphysik wäre das? Eine, die alles Geistige leugnet (oder es zumindest als bloßen Effekt des Stofflichen deutet), zugleich aber dem Stofflichen die Eigenschaften des Geistigen, ja des Personalen verleiht: Freiheit, Kreativität, Offenheit fürs Unvorhersehbare.

Ist mit einer materialistischen Metaphysik der Begriff der Person überhaupt vereinbar? Wenn alles nur Materie ist, was ist dann der Unterschied zwischen einem Ding und einer Person? Der Materialismus besagt doch im Grunde: Zwischen einem Menschen und einem Stück Scheiße ist nur ein gradueller Unterschied. Beides sind Anordnungen von Materie, weiter nichts.

Materialismus ist die passende Metaphysik (oder ein Metaphysik-Ersatz) für eine Gesellschaft in der es nur ums Haben und das Vermehren des Besitzes geht. Wer von vornherein unterstellt, alle würden immer nur um „materieller" Vorteile willen handeln, also lügen und betrügen, stehlen und rauben, ausbeuten und zerstören, der wird, wenn er ihnen nichts entgegenzusetzen weiß, die so interpretierten Verhältnisse bejahen und jeden moralische oder religiösen Einwand als Heuchelei beiseite wischen.

Ich fand den Ausdruck „Sozialdarwinismus" immer überflüssig. Der Darwinismus (Evolutionismus) war nie etwas anderes als eine Projektion der Prinzipien der kapitalistischen Gesellschaft auf das „Reich der Natur": Anpassung und Konkurrenz, Übervorteilung der anderen, Kampf um Profit oder eben reiche Nachkommenschaft. Das alles automatisch ablaufend, durch die „unsichtbare Hand", ganz ohne moralische oder gar religiöse Hemmnisse.

Der Evolutionismus ist eine Denkweise, die überall nur Bestätigung finden kann. Denn alles, was ist, jedes Merkmal, jede Verhaltensweise, kann ja nur deshalb existieren, weil es einen „evolutionären Vorteil" bietet oder bot. (Auch wenn dieser erst gesucht werden muss.) Wenn etwas existiert, bestätigt das die Lehre vom „evolutionären Vorteil", also den Evolutionismus überhaupt. Was nicht „evolutionär" erklärt werden kann, kann es bloß *noch nicht*. (Aber es muss ja einen evolutionären Grund geben, also wird man ihn schon finden.)

Die Evolution ist ein Gottesersatz. Die „zufällige Höherentwicklung", die Konkurrenz der Angepasstheiten, das Streben nach Weitergabe des Erbgutes ist Ersatz für eine Heilsgeschichte.

Wenn die Evolution eine Spezies hervorgebracht hat, deren (notwendig) evolutionär determinierte Verhaltensweisen eine Zerstörung der natürlichen Grundlagen dieser Spezies und vieler anderer Spezies zur Folge hat, dann ist sie Scheiße, diese Evolution. Andererseits ist der Mensch, wenn er den bloß ein Tier ist, entlastet. Tiere folgen lediglich ihren Instinkten, sie kennen keine Moral.

XIX

Alles ist endlich, wenn es nur auf Zeit ist.

Üblicherweise werden drei Zeitstufen unterschieden: die unmögliche Wirklichkeit der Gegenwart, die stets entweder noch nicht oder schon nicht mehr ist, sowie zwei unwirkliche, weil nämlich entwirklichte Wirklichkeiten, die Vergangenheit als gewesene und die Zukunft als bevorstehende Wirklichkeit. Diese drei Zeitstufen kommen in etwas Viertem zusammen, das vielleicht Subjektivität genannt werden kann, da es immer ein Subjekt ist, für das etwas gegenwärtig, vergangen oder künftig ist. Das Subjekt ist Knotenpunkt des Zusammenhaltes der Zeit, während es zugleich ein Effekt eben der Zeitlichkeit selbst ist. Das Subjekt ist ein notwendiger, konstitutiver und fundierender Effekt. Ohne temporäres System kein Subjekt, aber ohne Subjekt auch kein System. Anders gesagt, um die Objektivität der Zeit wäre es ohne die von ihr bedingte und sie bedingende Subjektivität schlecht bestellt.

Nicht die Zeit vergeht, sondern die Zeit lässt vergehen.

Dass die Zeit böse ist, zeigt sich am Verlust. Das Unwiederbringliche ist der Beweis für den negativen, ja destruktiven Status der Zeit. Die Zeit will nichts und läuft auf nichts hinaus.

Die Zeit bringt nicht nur Verluste, sie ist der Verlust. Die Zeit ist die Verfallsform des Seins.

Die Zeit reißt das Gewesene und das Zukünftige auseinander. Dieser Riss, der stattfindet, ist die Gegenwart, die nicht bleibt. Aber das Vergangene vergeht noch und das

Künftige kommt erst noch. Selbst als reißende ist die Gegenwart der Ort der Verbindung. Ein Kreuzweg.

Der Raum ist die Möglichkeit, die Zeit die Verunmöglichung: Ich kann hier sein oder anderswo, aber ich kann nicht zur selben Zeit hier und anderswo sein.

Zeit ist die Bedingung der Unmöglichkeit. Raum ist Offenheit, Zeit ist Entgängnis.

Der Raum als das Eingeräumte ist stets erfüllt (und sei es nur von Möglichkeiten), nie ganz leer.

Man ist es gewohnt, logische Verhältnisse als zeitliche zu verstehen: wenn, dann. Warum nicht auch umgekehrt zeitliche Verhältnisse als logische verstehen?

Das Problem ist selbstverständlich nicht die Verräumlichung der Zeit, sondern die Verzeitlichung des Raums. Die Zeit besetzt den Raum und korrumpiert ihn.

Die Zeit ist bedeutungslos. Sie steht für nichts. Sie ist nur ein Nein. Räume hingegen stehen für einander, verweisen aufeinander, sind wesentlich Bedeutende.

Die Zeit ist unsinnlich. Man kann sie weder sehen, noch hören, noch riechen, noch schmecken, noch anfassen. Sie vergeht bloß. Räume hingegen haben Leere und Fülle, Klang und Farbe, Licht und Dunkel, Geruch und Geschmack. Die Sinne bewegen sich in ihnen: vor und zurück, hinauf und hinunter, an ihnen entlang und durch sie hindurch.

Etwas zu verändern oder sich zu verändern heißt, der Zeit etwas abzutrotzen. Man verwirklicht etwas, das *noch nicht*

86

wirklich war oder man schafft eine Möglichkeit, die es *noch nicht* gab.

Wenn aber die Gegenwart gar keine bestimmte Zeit wäre? Wenn Zeit gerade in der Unterdrückung von Gegenwart bestände?

Gegenwart als Anwesenheit verweist auf den Raum.

Die vermeintliche „Aktualität" (das Neueste vom Neuesten) ist falsche Gegenwart und als solche Ablenkung vom Eigentlichen, Verweigerung des Wesentlichen.

Das „Aktuelle" kann schwerlich zum Gegenstand einer Untersuchung gemacht werden, weil es gerade durch sein stets bevorstehendes Überholtsein gekennzeichnet ist. Was untersucht werden kann, sind allenfalls Einbrüche des aktuellen in den Gang von Untersuchungen, Störungen, die die es samt seinen Folgen dem Denken zumutet.

Die „aktuelle" Gegenwart ist die gleich oder schon nicht mehr gegenwärtige Gegenwart. Die wirklich gegenwärtige Gegenwart steht in gewissem Sinne noch aus, in anderem Sinne ist sie längst anwesend, ja gewesen.

Gegenwart ist mehr als bloßes Jetzt. Wahre Gegenwart ist Versammlung von Gegangenem und Kommendem im Bleiben.

Die Rückholung der Gegenwart in die Gegenwart: Vergegenwärtigung.

Im Gegenwärtigen ist immer der Verlust des Gewesenen enthalten. Wer diesen Verlust leugnet oder verkennt oder verloren gibt, kann das Gegenwärtige nicht begreifen, verliert auch dieses und reiht so Verlust an Verlust.

Der Fortschrittsglaube bedeutet eine ungeheure Überheblichkeit. Denn wenn immer alles besser wird, heißt das, dass das Jetzige, also die Zeit, in der man selbst lebt, besser ist alles Frühere.

Endlichkeit muss nicht allein als Vergänglichkeit (als zeitliche Endlichkeit) gedacht werden, sondern sollte vor allem als Begrenztheit, Beschränktheit, Bestimmtheit verstanden werden.

Ewigkeit ist gerade nicht besonders lange Zeit, sondern das Ende jeglicher Zeit.

Ewigkeit ist unendliche Gegenwart.

Es ist bezeichnend, dass man Raumutopien durch Zeitutopien ersetzt hat (und diese dystopisch werden mussten). Ursprünglich war eine Utopie eine Erzählung von einem fiktiven anderen Ort als Vergleichsmodell zur Kritik am Hier und Jetzt. Daraus machte man ein in die Zukunft verlagerte Phantasie, wie es kommen sollte oder musste oder nicht durfte. Utopie ist aber keine Bedienungsanleitung für eine künftige Gesellschaft, sondern literarisch ausgestaltete Verweigerung der Alternativlosigkeit.

Dem Utopischen wieder Raum geben.

XX

Jeder Mensch ist immer in Gesellschaft. Und zwar nicht erst nachträglich, als vergesellschaftetes Wesen, sondern die Gesellschaft geht dem Einzelnen voraus und bringt ihn hervor. Ohne andere Menschen und deren Verhältnisse zueinander gäbe es diesen Menschen gar nicht (denn er musste ja gezeugt, ausgetragen und geboren werden, um auf der Welt zu sein).

Menschen sind gesellige Wesen. Das heißt nicht, dass sie immer und unter allen Umständen zusammenleben und dies gern tun, sondern dass sie von Anfang an aufeinander verwiesen sind und dass vom Zusammenleben und Zusammengelebthaben mit anderen die Bedingungen des Lebens und Lebenkönnens des Einzelnen abhängen und bestimmt werden.

Die gesellschaftlichen Verhältnisse sind die Gesamtheit des Verhaltens der Glieder einer Gesellschaft.

Die gesellschaftlichen Verhältnisse sind das, worin der Einzelne lebt, aber auch das, was in ihm wirkt. Es sind die einzelnen Handlungen und Unterlassungen, die Verhaltensweisen, aus denen die Verhältnisse insgesamt aufgebaut sind, aber es sind auch die Verhältnisse, die die Verhaltensweisen bedingen (und zum Teil erzwingen).

Gesellschaft ist nichts, was „gegründet" werden müsste oder auch nur „gegründet" werden könnte. Gesellschaft ist immer schon da, ist immer schon Voraussetzung und Bedingung individueller Existenz.

Gesellschaft kann auf keinem Vertrag beruhen, denn dass es jemanden gibt, der mit einem anderen einen Vertrag schließt, und dass Verträge überhaupt gelten, setzt Gesellschaft immer schon voraus.

In einem hypothetischen, aber realistisch konzipierten „Naturzustand" wären die Menschen noch stärker „vergesellschaftet", nämlich einander zugewandt, von einander abhängig und nicht vereinzelt, als in jeder tatsächlichen Gesellschaft.

Gesellschaft ist ein Grenzbegriff. Die Gesamtheit der Beziehungen zwischen Menschen ist als solche gar nicht zu erfassen. Die „Totalität" der real existierenden Gesellschaft ist illusionär.

Gesellschaft ist auch geprägt von einem ständigen Kommen und Gehen. Ab einer bestimmten Größe kann eine Gesellschaft niemals geschlossen sein. (Es hätte sie denn der Staat verschluckt.)

Alles folgt ständig festen Regeln, aber diese Regeln werden fortlaufend geändert.

Die Leute lassen sich nicht nur in Schwarz und Weiß einteilen, sie teilen sich sogar selbst in Schwarz und Weiß ein.

Gesellschaftskritik muss sich auch an an den Einzelnen wenden und sagen: Ändere dein Leben! Verbessere das Zusammenleben mit anderen!

Freiheit ist mehr als Selbstbestimmung. Der freie Mensch begriffe, dass noch die gesellschaftlichen Formen seines selbst (seine Subjektivität und Individualität) von Zwängen geprägt und etwas sind, von dem er sich lösen muss.

Wer Klassenkämpfe will, braucht Klassen. Er muss der Logik des Klassismus folgen und Klassen als Realität akzeptieren und bejahen.

Es ist nicht so, dass zuerst eine Arbeiterklasse existierte, die dann unterdrückt würde. Sondern die Unterdrückung besteht eben unter anderem auch darin, eine Arbeiterklasse zu produzieren. Deshalb kann es auch nur insofern darum gehen, die Arbeiterklasse zu befreien, als das heißen muss, Menschen davon zu befreien, der Arbeiterklasse anzugehören.

Eine klassenlose Gesellschaft kann nicht durch eine Verstärkung der Klassifizierung erreicht werden. Wie auch Herrschaftsfreiheit nicht durch Verstärkung von Herrschaft erreicht werden kann.

Konstruktiv ist, wenn überhaupt, nur der Einzelne, nicht zuletzt im Zusammenwirken mit anderen Einzelnen, während die Masse immer bloß bestenfalls träge, bei sich bietender Gelegenheit aber destruktiv ist.

Hypotaktische („hierarchische") Kollektive sind die Familie, der Stamm, der Verein usw. Parataktische („demokratische") Kollektive sind die Masse, die Menge, der Schwarm usw.

Wer den Massenmenschen nicht will, kann auch die Menschenmassen nicht wollen.

Massenindividualismus: Es hat sich gezeigt, dass die Massengesellschaft die Individualität keineswegs aufhebt, sondern zur Norm erhebt: Du sollst individuell sein! Herrschaft der Masse und Kult des Individuums sind also kein Widerspruch, im Gegenteil. Das Individuum ist, wie ich zu sagen pflege, eine soziale Figur, es ist keineswegs dasselbe wie der Einzelne in dem Sinne, in dem ich vom Einzelnen spreche. Die Masse bringt das Einzelnen (Singuläre) zum verschwinden und ersetzt es durch Serien und Marken. Das Individuum ist sozusagen die Kreuzung der Serien und die Kongruenz der Marken. Individualität wird gefordert, aber von jedem. Es ist also eine massenhafte Individualität. Ihr „Besonderes" ist kontingent. Alles andere als einzigartig.

Massenkommunikationsmittel produzieren einen neuen Typ von Massen. Nicht mehr die Vielzahl von Menschen *an einem Ort*, sondern *dieselbe Ausrichtung* („Gleichschaltung") der Vielzahl an gleichgültig vielen Orten macht Masse.

Die Masse steht nicht außerhalb der Zivilisation, sondern unter ihr. Sie parasitiert an deren Errungenschaften, trägt aber nichts bei, ist bloß Last, nicht Antrieb. Als diese freilich gehört sie wohl zu den Bedingungen der Veränderungen: Das Unterzivilisierte belastet die Zivilisation, die darum nach immer neuen Regeln der Anpassung sucht.

Die Massen sind ihren Wesen nach (also als Massen) dumpf, lethargisch und nur durch agitatorische Manipulation zu aktivieren. Dann sind sie zumeist, und an ihren Rändern immer, destruktiv. Der Einzelne mag kreativ, intelligent, geschickt, gutwillig sein. Die Massen sind dumpf. Die Vorhandenheit der Masse im Unterschied zur Anwesenheit des Einzelnen: Die Masse kommt dem Einzelnen in die Quere, sie widersetzt sich, aber nie den Bedingungen ihres Auftretens — des Brüllens und Trampelns —, sondern immer nur ihrer Querung durch den Einzelnen.

Das Problem der Masse ist das Problem der Menschlichkeit. Erhöht sich die Zahl, könnte man sagen, vermindert sich der Wert. Dem Einzelnen und der Gruppe können bestimmte Handlungen und Unterlassungen zugeordnet werden, die Verantwortung ist klar. Die Masse hat nur noch Wirkungen, sie handelt nicht und ist nicht verantwortlich. Verantwortlich sind die, die sie steuern, lenken, leiten, die Rahmenbedingungen bestimmen oder bearbeiten, innerhalb derer die Masse stattfindet.

Das Wuchern der Menschheit ist ihr größtes Problem, mit anderen Worten: die Entwertung des Einzelnen.

Die „Bosheit der Masse" ist Voraussetzung, Grundlage und Medium aller Schreckensherrschaften in der Geschichte gewesen.

Ich bin fest davon überzeugt, dass es das menschliche Tun und Lassen ist, das den Gang der Geschichte bestimmt. Gewiss, jeder Einzelne findet sich in Verhältnisse wieder, über die er nicht verfügt und die sein Tun und Lassen, also sein Verhalten, bedingen und bestimmen, aber diese Verhältnisse sind insgesamt doch nichts anderes als das Verhalten aller Einzelnen. Deutlicher gesagt, das Verhältnis, in dem jeder zu jedem steht und das er durch sein Verhalten gestaltet und das durch das Verhalten der anderen (und andere Verhältnisse) gestaltet wird, ergibt insgesamt die gesellschaftlichen Verhältnisse. Zu fordern, dass diese sich ändern, erübrigt sich, denn sie verändern sich unentwegt (auch wenn es nicht immer so scheint). Die Verhältnisse zu verbessern, sie zum Guten zu verändern, darauf kommt es an. Und das muss getan werden, es geschieht nicht von selbst. Von den Veränderungen der Gesellschaft erzählen die Geschichten. Von den Verbesserungen die Gebete.

XXI

Geschichte ist immer nachträglich. Während etwas geschieht, ist es noch nicht geschichtlich. Geschichten werden erzählt und Geschichte wird geschrieben, wenn das Geschehen, um das es dabei geht, bereits vorüber ist.

Weil Geschichte nachträglich ist, heißt geschichtlich zu denken eben gerade nicht, Geschichte (den „historischen Prozess") vorauszusetzen und die konkreten Geschehnisse aus abstrakten Vorannahmen abzuleiten, sondern im Gegenteil, das Allgemeine aus dem Besonderen zu erklären.

Der historische Prozess ist ein Phantasma oder, wenn man so will, ein Ideal, jedenfalls aber eine Konstruktion der Geschichtsschreibung (und der Geschichtstheologien und Geschichtsphilosophien).

Die Idee der „ewigen" Gesetzmäßigkeiten, die „unerbittlich" die Welt regieren, gibt jedem persönlichen Willkürakt eine kosmologische Dimension. Jeder tyrannische Hausmeister, jeder pedantische Bürokrat, jeder sadistische Lehrer, jeder mordlustige Gefängniswärter wird zum Statthalter des Schicksals.

Die Geschichte bleibt nicht dieselbe. Sie verwandelt sich in einem fort, und jede neue Darstellung, jedes neue Verständnis verändert sie oder macht sogar etwas anderes daraus. Geschichte wird nicht ein für alle Mal erzählt, sondern immer wieder neu.

Der einzige Fortschritt, der unzweifelhaft stattfindet, ist der in die Vergangenheit. Tag für Tag, Stunde für Stunde, Augenblick für Augenblick entschwindet das, was war, immer weiter, immer weiter, immer weiter. Das Fortschreiten in der Zeit ist ein Zurücklassen, ein Verlieren, ein Vergessen.

Fortschritt ist Verlust an Zukunft, da immer mehr das, was gestern noch anstand, heute schon vorüber ist. Möglichkeiten werden weniger oder es wird doch weniger möglich. Fortschritt ist Vernichtung und Bewahrung zugleich, da das Vergangene für immer vergangen bleibt, sozusagen eingeschlossen im Gewesensein.

Dies ist tatsächlich der schrecklichste aller Gedanken: Dass die Geschichte kein Ende hätte, sondern immer weiterginge; oder, was dasselbe ist, immer wieder von vorn anfinge. Gegen die grässliche Vorstellung der Progression (oder des Zirkulären) bietet nur der Geschichtspessimismus die Möglichkeit zur Fröhlichkeit: Alles wird ein Ende haben.

Verlust des Mythos, das heißt vor allem Verlust der mythologischen Kompetenz, der Fähigkeit im Mythischen zu leben und davon zu erzählen. Die modernen Menschen sitzen Lügen und Phantasmen auf, weil ihnen die erklärende, deutende, synthetisierende Kraft des Mythos abhanden gekommen ist.

Der Mythos kennt nur Singuläres. Die Historie geht über das Singuläre hinaus und bildet Muster ab. Die Geschichtsphilosophie erklärt die kontingenten Muster zu Effekten unbedingter Gesetzmäßigkeiten.

Keine Geschichte kann herausgefunden werden, die nicht zugleich erfunden wird. Keine Geschichte kann erfunden, werden, die nicht zugleich etwas entdeckt.

Geschichte zu schreiben heißt nicht, Ordnung in die Unordnung zu bringen, und auch nicht, der Unordnung die

Ordnung zu entnehmen, sondern Geschichte zu schreiben heißt, der Unordnung eine Ordnung hinzuzufügen.

Was nicht erzählbar ist, ist auch keine Geschichte. Wenn aber etwas erzählbar ist, dann ist es auch anders erzählbar. (Was festgeschrieben ist, ist dann eigentlich nicht mehr Geschichte, sondern Geschichtsschreibung; ein Mythos eigener Art.)

Je genauer man die Geschichte betrachtet, je ernster man sie nimmt und je mehr man von ihr versteht, desto mehr löst sie sich auf. Es gibt „die" Geschichte umso weniger, je geschichtlicher man denkt.

Was zur Geschichte wird, ist das wirkliche Tun und Lassen aller, die daran beteiligt sind. Und keineswegs ist umgekehrt das Tun und Lassen bloßer Effekt historischer Gesetzmäßigkeiten.

Zwischen der Geschichte der einzelnen Menschen und der Geschichte schlechthin gibt es keinen Übergang. Die Große Geschichte ist eine phantastische Extrapolation, eine überwältigende Konstruktion, in der alle Singularität zugunsten der umfassenden und bedingenden historischen Totalität aufgelöst wird. Die historische Totalität ist aber im Grunde weder Hintergrund noch Grundlage der einzelnen Geschichten (Geschichten der Einzelheiten), sondern deren Überbietung und Aufhebung. Vor dem Hintergrund der Geschichte gibt es keinen Vordergrund, das „Einzelschicksal" ist nur Exempel allgemeiner Gesetzmäßigkeiten.

Ist die Große Geschichte objektiv, während die vielen kleinen Geschichten bloß subjektiv sind? Auch die individuellen Geschichten der Subjekte sind bestrebt, zu sagen, wie es wirklich war. Dieses Bestreben mag von anderen Bestrebungen durchkreuzt werden (etwa dem Wunsch, gut dazustehen, den Beschränkungen auf das persönlich Relevante usw.), aber es konstituiert doch einen Objektivitätsanspruch eigener Art.

Die Weltgeschichte ist eine Hypothese, die keine Beweise verträgt. Es ist immer ein Akt der Gewalt, aus dem Vielen und Widersprüchlichen das Eine und Einheitliche zu synthetisieren.

Man irrt, wenn man meint, es gäbe „die Geschichte an sich" und diese habe einen „an sich" sinnvollen Verlauf. „Die Geschichte" ist nichts anderes als *eine* Darstellung dessen, was war. Was aber war, ist nicht anders zugänglich als eben durch beispielsweise Geschichtsschreibung. Ein „An sich" existiert nicht, immer nur Vermittlung und Erfindung, eben die so und so erzählte Geschichte.

Die Einzelnen erleben nicht „die Geschichte", sondern das, was sie erlebt haben, versuchen sie in Geschichten wiederzugeben. Was war, interessiert sie, weil und insofern es sie betrifft.

Auch die kleinen Geschichten können große Zusammenhänge betreffen. Zumal auch die Nichthistoriker ja mit dem, was von der Arbeit der Historiker verbreitet wird, konfrontiert werden und sich dazu verhalten.

Die eine Große Geschichte ist nicht Übersicht oder Zusammenfassung oder Extrakt der vielen kleinen Geschichten, sondern sie ist selbst eine einzelne Geschichte, nur von entscheidend anderem Charakter: weniger offen, weniger widersprüchlich, weniger weniger lückenhaft usw. als eine persönliche Erzählung. Ihr Anspruch ist ein anderer, vor allem ein „objektivistischer", es geht also nicht um das Subjekt des Historikers und dessen Erlebnisse und Hörensagen, sondern um bewiesene, dokumentierte Sachverhalte (und daraus plausibel erschlossene Zusammenhänge).

Zweifellos ist der Mensch ein Wesen, das sich und anderen sich selbst erzählt, das durch seine Geschichten für sich und andere es selbst wird. Doch setzt dies im Wechsel der Ereignisse und Beschreibungen ein Bleibendes voraus: Es muss *meine* Geschichte sein, die ich erzähle. So sehr die Erzählung auch veränderlich, widersprüchlich, lückenhaft sein mag, ihr *Sinn* ist es, die Geschichte von einem und demselben, nämlich mir zu sein.

Nicht nur das Selbstverhältnis, sondern das Weltverhältnis (und übrigens auch das Verhältnis zu Gott) ist narrativ.

Das Erzählen ist mehr als die Geschichte. Darum sind hinzuerfundene Einzelheiten bei der Erzählung einer Begebenheit, die tatsächlich stattgefunden hat, nicht unbedingt Verfälschungen, sondern dienen dazu, die Wahrheit gegenüber dem, dem erzählt wird, zu verdeutlichen. Darum erfanden antike Historiker zum Beispiel die Reden, die Feldherren vor der Schlacht hielten, einfach selbst, ohne lügen zu wollen. Sie wollten deutlich machen, wie es gewesen zu sein hätte.

Die Geschichte der Einzelnen müssen nicht zueinander passen, wenngleich sie es oft tun. (Sie korrespondieren einander.) Wenn man will, ergeben sie ein Gesamtbild. Dies umso mehr, wenn man weglässt, was das Gesamtbild stört. Daraus kann ein Imperativ werden: „Erzähle deine Geschichte so, dass sie als besonderer Fall einer allgemeinen Gesetzmäßigkeit zu gelten hat." Die Einzelnen tun dann ihrer Geschichte Gewalt an, um sie dem anzupassen, was sie für Verallgemeinerbarkeit halten. Zwar soll das Erzählte unter Umständen etwas Besonderes sein, weil gerade *dieser* Einzelne es erlebt hat, aber es soll sich doch einfügen in narrative Muster, die Verständlichkeit, Vergleichbarkeit, Zustimmbarkeit gewährleisten. Wer will schon monströs erscheinen und aus der Geschichte herausfallen?

XXII

Man kann hinter die Moderne nicht zurück, denn bekanntlich „lässt sich das Rad der Geschichte nicht zurückdrehen". Aber man kann die Inkohärenz, Insuffizienz und Kontingenz der Moderne beachten. Und man kann beachten, dass die Moderne nicht ubiquitär ist.

Vielleicht ist das die Ursache des Wütens gegen die „Postmoderne": Dass es nichts nach der Moderne geben darf. Nach hinten hat man sich abgegrenzt (und das Mittelalter erfunden), nach auch vorne aber wollte man nie wirklich offen sein, die Zukunft war immer schon vereinnahmt, schon im Voraus mit einem selbst identisch. Dass ihre Zukunft einmal zu Ende sein könnte, dass es etwas nach ihr selbst geben könnte, war (und ist) von der Moderne nicht vorgesehen.

Der sich selbst universalisierenden, ja totalisierenden Moderne ist ihre Zufälligkeit und Endlichkeit, ihre Selbstwidersprüchlichkeit, ihr Versagen, ihre Partikularität entgegenzuhalten.

Moderne als Hybris: Die Modernen setzen sich als das Maß von allem, dem, was war, was ist, was sein wird. Die Moderne, und nur sie allein, ist das Gute, Wahre, Schöne. Sie allein ist das Licht, alles andere Finsternis oder Verblendung. Da die Moderne allen Fortschritt gepachtet zu haben meint, kann alles, was nach ihr kommen könnte, nur Rückschritt, Verfall, Niedergang sein. Die Moderne will ewig und unvergänglich sein.

Die Moderne ist prinzipiell illegitim, weil sie das Prinzip der Legitimität abgeschafft hat. Ihr ist kein Kriterium mehr geblieben, zwischen Recht und Unrecht zu unterscheiden und das Rechtmäßige vom Ungerechtfertigten, weil sie alles auflösen und ihrer totalen Herrschaft unterordnen muss.

Für mich bedeutet „modern" so viel wie: „mit den Vorurteilen seiner Zeit übereinstimmend". Mein Kriterium der Modernität ist also nicht das Innovative, Progressive an einem Phänomen, sondern ob die vermeintliche Neuerung und der vermeintliche Fortschritt einer Tendenz in den Vorstellungen ihrer Zeit entsprechen; nicht, ob es auf Ablehnung stößt, gar auf mehrheitliche, sondern wessen Zustimmung es voraussetzt, daran entscheidet sich, ob etwas modern ist.

Die Moderne ist sich selbst unverständlich, will aber alles erklären.

Die Moderne hat keine Vorgeschichte, die sie nicht selbst erfunden hätte.

Der Moderne zufolge läuft alles auf sie hinaus und nichts kann über sie hinausgehen.

Der Moderne zufolge war vor ihr immer schon alles zu Ende und erst mit ihr beginnt alles neu.

Die Moderne ist der Anspruch der Zeit auf Unendlichkeit.

Die Moderne hat alle Geschichte verschluckt. Aber davon hat sie sich auch überfressen und nun leidet sie an Verstopfung. (Es genügt nicht, die Moderne zu hassen, man muss sich auch von ihr auskotzen lassen.)

Die Moderne ist die Intensivierung, die Verschärfung der Zeitlichkeit. Die Zeit stürzt nicht nur voran, sie überstürzt sich. Die Moderne ist der Absturz der Zeit.

Es liegt im Wesen mehr noch als im Begriff der Moderne, dass sie sich selbst als ein Letztes vorstellt, nach dem nichts mehr kommen kann — denn was wäre moderner als die Moderne selbst?

Charakteristisch für die Moderne ist ihr völlig Mangel an Demut.

Hypokrisie der Moderne: das Dogma des Antidogmatismus, die verordnete Mündigkeit, die irrationale Überschätzung der Vernunft.

Die Moderne muss letztlich die Menschlichkeit selbst abschaffen, denn solange es Menschen gibt, die nicht tierisch oder maschinell sein wollen, gibt es Ansatzpunkte des Widerstandes.

So wie Herrschaft niemals total sein kann, weil sie sonst, mangels Spielraums für Dynamik, an ihren eigenen Kräften zerbrechen oder aber an Kraftlosigkeit zu Grunde gehen müsste. Die Moderne kann niemals total sein, sondern birgt notwendig in sich Orte und Momente des Vor- und Nachmodernen.

Angesichts der Verbrechen der Moderne, ihrer Zerstörungswut und Menschenverachtung, die in der Auslöschung alles Menschlichen im Tierischen und Maschinellen gipfeln soll, kann man als anständiger Mensch nur Antimodernist sein.

In gewissem Sinn ist der Antimodernismus vielleicht bloß die Anwendung der Moderne auf sich selbst. Die Moderne weist alle anderen Zeitalter grundsätzlich zurück. Der Antimodernismus stimmt dieser Verwerfung nicht zu, überträgt jedoch den Gestus und kehrt ihn um. — So wäre denn der Postmodernismus die Praxis der Vereinbarkeit von Modernismus und Antimodernismus?

Dass man gegen die Moderne sein muss, ist mir selbstverständlich. Dass man nicht hinter die Moderne zurück kann, gleichfalls. Und weil über die Moderne hinaus und sie überbieten zu wollen, selbst wiederum nur modern wäre, bleibt als Möglichkeit der tätigen Gegnerschaft zur Moderne nur deren Zersetzung von innen heraus. Man muss, auch mit den Mitteln der Moderne, deren Zwecke zu vereiteln versuchen.

Antimodernismus ist nur dann legitim, wenn er auch Kritik seiner selbst ist, sich also als etwas Modernes begreift und somit auch gegen sich selbst gerichtet ist.

Dass ich die Moderne kritisiere und ihre Ansprüche zurückweise, heißt ja gerade nicht, dass ich nicht von der Moderne affiziert wäre. Im Gegenteil können Kritik und Zurückweisung ja nur innerhalb einer Prägung durch die Moderne formuliert werden. Ich bin also durchaus modern geprägt und mir weder dieser Prägung in jedem Fall bewusst noch fähig, ihr etwas entgegenzuhalten oder sie gar aufzuheben. Ich bin modern, auch wenn ich es nicht sein will.

Man muss unbedingt paramodern sein.

XXIII

Logik ist zunächst der Versuch, die eigenen Gedanken so zu ordnen, dass ihre Äußerung sie anderen verständlich macht.

Selbstverständlich kann auch „Unlogisches" zur Verständigung oder jedenfalls zur affektiven Übereinstimmung führen. Logik ist also vielleicht auch der Versuch, das Denken vor der Überwältigung durch Stimmungen und Gefühle zu bewahren. (Darum die „Kühle" der Logik.)

Die „Regeln" der Logik ergeben sich aus der Notwendigkeit, sich verständlich zu machen.

Darum ist Logik (mit scholastischem Begriff) „Dialektik", weil ihre Regel dazu dienen, sinnvolle Gespräche über beliebige Gegenstände möglich zu machen, ohne sich in Widersprüche und Unsinnigkeiten zu verlieren.

Es ist wünschenswert, das Logische vom „Dialogischen" her zu verstehen und zu rekonstruieren — was ihm den alten Namen des Dialektischen wiedergewönne. Wer im Gespräch nicht aneinander vorbeireden will, sondern, und sei es vorübergehend, an einem bestimmten Gegenstand festhalten und die Weisen, wie über diesen gesprochen wird, verständlich sein lassen will, wird bestimmten (impliziten) Regeln folgen. Dass es überhaupt Gegenstände der Rede gibt (also etwas eins ist). Dass etwas nicht zugleich gelten und nicht gelten kann. Dass, wenn etwas gilt, sein Gegenteil nicht gilt. Was woraus folgt. Usw. Usf. So gründet alle Logik im Gespräch.

Die echte Dialektik ist die Kunst des Dialogs, die falsche Dialektik der Philosophen und Ideologen ist eine Technik des Monologs.

„Dialektik", wie gewisse Leute sie praktizieren, hat mit Logik nichts zu tun, sondern ist die Technik, immer Recht zu behalten, egal, was man zuvor gesagt hat.

Auch die Selbstverständigung, die logischen Regeln folgt, tut dies, um Verständigung möglich zu machen. Man lernt, richtig zu denken, indem man mit anderen über etwas spricht, indem man lernt, sich anderen verständlich zu machen.

Nicht jedes Urteil ist ein Richterspruch. Aber weil Gerichtsurteile die Form „Es verhält sich so und so und daraus folgt" haben, heißen alle ähnlich geformten Feststellungen „Urteile". Ohne etwas festzustellen, wäre aber ein Gespräch über irgendetwas mit niemandem möglich.

Wenn es stimmt, dass Ausnahmen die Regel bestätigen, dann muss es Regeln geben, die ausnahmslos gelten.

Die logischen (und übrigens mathematischen) Regeln residieren nicht in einem Ideenhimmel. Sie existieren in den Verhältnissen der Dinge selbst, nämlich sofern Menschen sie sich erschließen und sich darüber verständigen. In diesem Sinne sind Gesetze der Logik nicht apriorisch, sondern aposteriorisch. Durch Erfahrung wird ihre „vorausliegende" Gültigkeit erkannt.

Die Logik ist nicht vor jeder Erfahrung, sondern sie ist selbst etwas, das Erfahren wird.

Selbstverständlich gelten die Regeln der Logik nicht unabhängig von der Erfahrung, denn sie sind ja aus Erfahrung gewonnen. Sie sind Verallgemeinerungen von Regelmäßigkeiten der Erfahrung. Nicht zuletzt von Erfahrungen damit, was verständlich über das gesagt werden kann, was ist. Zudem sind sie für gewöhnlich erlernt und nicht vom Einzelnen entdeckt.

Die *praktische* Funktion der logischen Prinzipien: Dass etwas zum Beispiel nicht zugleich getan und nicht getan werden kann.

Warum tut man so, als sei Mehrdeutigkeit weniger als Eindeutigkeit, wo doch die Bezeichnungen das Gegenteil besagen?

Nicht ob etwas mehrdeutig ist oder nicht, ist entscheidend, sondern wie vom Mehrdeutigkeit Gebrauch gemacht wird. Die Kunst des Denkens besteht vielleicht darin, Äquivozität auszuhalten.

XXIV

An dem häufig vorgebrachten Einwand, dieses oder jenes sei „nur ein Streit um Wörter" (oder „nur um Begriffe") verstehe ich das „nur" nicht. Gerade wenn es ein Streit um Wörter oder Begriffe ist, ist es doch ein wichtiger, womöglich alles entscheidender Streit. Wie Konfuzius sagt: „Wenn die Begriffe nicht richtig sind, so stimmen die Worte nicht; stimmen die Worte nicht, so kommen die Werke nicht zustande; kommen die Werke nicht zustande, so gedeiht Moral und Kunst nicht; gedeiht Moral und Kunst nicht, so treffen die Strafen nicht; treffen die Strafen nicht, so weiß das Volk nicht, wohin Hand und Fuß setzen. ... Der Edle duldet nicht, dass in seinen Worten irgend etwas in Unordnung ist. Das ist es, worauf alles ankommt."

Verstehen ist möglich, sonst wäre Missverstehen nicht möglich.

Es kann nicht nur Missverstehen geben. Nicht die Sinnlosigkeit ist die Grundlage, der Hintergrund, vor dem das Auftauchen von Sinn möglich ist, sondern die Fülle des Sinns hat anscheinend Zonen der Sinnlosigkeit.

Es gibt kein Verstehen „an sich", kein Verstehen, das nicht das Verstehen eines Verstehenden wäre. Dieser befindet sich aber immer irgendwo und irgendwann.

Verstandeskräfte sind dazu da, zu verstehen und sich verständlich zu machen. Man versteht tatsächlich nur das, was man anderen (deren Verständigkeit vorausgesetzt) verständlich machen kann.

So wie der Verfasser sich objektiviert, wenn er verfasst, muss der Deutende subjektivieren, wenn er verstehen will.

Verstehen ist niemals unmittelbar. Es scheint bloß zuweilen so. Selbst die flehende Geste des Hilfesuchenden, die „unmittelbar" anspricht, setzt Wissen oder doch Ahnung von Not und Verantwortung voraus. Alles Verstehen hat Voraussetzungen. Alles Verstehen muss erlernt werden.

Im Verstehen wird ein Ausponderieren von Eigenem und Fremdem versucht. Ich eigne mir, verstehend, Fremdes an und übereigne mich so dem, was mir bisher fremd war (und es möglicherweise noch bleibt). Hermeneutischer Kontrapost.

Man kann das „totale Verständnis" auch dahingehend kritisieren, dass hier der Mensch sich an Gottes Stelle setzt. (Das „totale Nichtverstehen" ist bloß das „totale Verstehen" mit umgekehrtem Vorzeichen.)

„Nicht was du sagst, interessiert mich, sondern warum du es sagst": Die psychologische und soziologische Objektivierung der Subjekte.

Ich sage nicht: „Es gibt keine Tatsachen, sondern nur Interpretationen." Ich sage: „Es gibt Tatsachen nur *durch* Interpretationen." Jede Tatsache ist als solche bereits eine interpretierte. Irgendetwas als Tatsache und nicht beispielsweise als Täuschung zu nehmen, bedeutet, es als Tatsache zu verstehen, also gedeutet zu haben.

Es gibt keine Tatsachen, sondern lediglich Interpretationen? Die Fehldeutung steckt im „lediglich": Als ob Interpretationen weniger wären als Tatsachen. Tatsächlich aber ist die Feststellung von Tatsächlichkeit lediglich ein besonderer Fall eines Ergebnisses von Interpretation. Darum gilt: Alles ist Interpretation (interpretierbar, interpretationsbedürftig), aber nicht alles ist eine Tatsache. Manches erweist sich nämlich, durch Deutung, auch als Täuschung oder Irrtum.

Wenn ich sage, alles sei Interpretation, so meine ich: Zu allem, was ist, muss ich, damit es für mich ist, ein Verhältnis haben, ein Verhältnis gestalten, mich dazu verhalten es als etwas verstehen. Das ist nicht immer eine explizite Interpretation, aber immer eine Wirklichkeit erschließende Haltung. Ohne dass ich darauf Bezug nehme, gibt es nichts für mich. Sofern diese Beziehung aber auch anders sein könnte, ist sie „Deutung".

Es gibt Tatsachen, die ich nicht ausfindig zu machen suche, sondern die mir einfach widerfahren, manchmal auch plötzlich und unerwartet. Aber auch sie bedürfen, um von mir als Tatsachen bestimmt zu werden, des Bezuges auf mich, von mir zu ihnen, hier nämlich eben gerade die Erfahrung der Widerfahrnis.

Das „Es gibt" in „Es gibt Tatsachen" bedeutet selbstverständlich „Es gibt für ein Subjekt", nicht „an sich".

Wer glaubt, dass es bei der Erfindung und Verwendung von Begriffen bloß um Eindeutigkeit geht, hat nichts begriffen.

Die Mehrdeutigkeit der Rede ist kein Mangel, sondern eine Voraussetzung ihres Gelingens. Wäre alles mehrdeutig, wäre gelingende Rede unmöglich, wäre hingegen nichts mehrdeutig, wäre Sprache also „perfekt", um in jedem Fall genau das auszudrücken, zu bezeichnen und mitzuteilen, was ausgedrückt, bezeichnet, mitgeteilt werden soll, wäre sie dermaßen umfangreich und komplex, dass sie unbrauchbar wäre.

Die unvermeidliche Mehrdeutigkeit des Sprachlichen ist kein Mangel, sondern ein Zeichen von Fülle.

Die Vorstellung, es gehe den Dichtern nur um den Klang der Wörter, ist albern. Ebenso albern ist die Vorstellung, es gehe den Philosophen nur um den Sinn. Ein Wort ist ein Wort nur, weil es beides hat, Klang und Sinn, sein Gebrauch bezieht sich auf beides. — Richtig ist freilich, dass viele Philosophen nicht gut schreiben, weil sie sich aufs Hören nicht verstehen …

Sprachliche Ereignisse haben Bedeutung, weil sie Sinn haben.

Sinn ist vorgängig. Sinn und Bedeutung sind nichts, was erst durch das „Zusammenspiel" von Zeichen oder sprachlichen Elementen entsteht. Sondern weil es Sinn gibt und dieser ausgedrückt und mitgeteilt werden soll, werden sprachliche Ereignisse herbeigeführt und Zeichen verwendet. — Kommunikation ist kein Scrabble-Spiel bei dem zufällig vorhandene Buchstaben so lange kombiniert werden, bis sie „sinnvolle Wörter" ergeben. (Deren Sinn nur erkennbar ist, weil er aus anderen Zusammenhängen als dem des Spiels bereits bekannt ist.) Der Sinn ist schon vorher da, und es wird auf ihn verwiesen.

Der Sinn von etwas ist nicht dieses selbst, sondern etwas anderes. So verweist alles über das Ganze hinaus auf einen letzten Sinn, der notwendig nicht von dieser Welt ist.

Ohne letzten Sinn, von dem her alles sinnvoll ist, gibt es überhaupt keinen Sinn. Aber es gibt Sinnvolles. Also muss der letzte Sinn existieren und zugänglich sein. (Wenn auch nicht unbedingt vollständig erfassbar.)

Um zu wissen, ob alles sinnlos ist oder einen letzten Sinn hat, müsste ein Mensch Gott sein. Oder aber eben sich offenhalten für die Offenbarung, für das Sich-selbst-Zeigen des Sinnes.

XXV

Sein, mit dem sich jemand verständlich zu machen versucht, ist Sprache.

Das Denken arbeitet mit Sprache, es gestaltet sich in ihr. Zugleich aber wirkt die Sprache, dieses Übermaß an Gewohnheiten, auf das Denken zurück und droht, es in ihrer Trägheit und Dichte verschwinden zu lassen.

Sprache ist unvordenklich. Sie ist so wenig aus Nichtsprachlichem „entstanden" wie Lebendiges aus Totem, Geistiges aus Geistlosem.

Niemand hat die Sprache erfunden. Jeder hat zu sprechen gelernt, weil er selbst angesprochen wurde.

Nicht das Sprechen (die gesprochene Sprache) ist eine „Anwendung" der Sprache, sondern die Sprache der Grammatiker und Linguisten ist eine Abstraktion des tatsächlich stattfindenden Miteinanderredens.

Gesprochen wird nicht „an sich", sondern an einem bestimmten Ort zu einer bestimmten Zeit. Von jemandem. Und meistens zu jemandem.

Sprache findet statt als das, was jemand dann und dann sagt. Sie besteht nicht aus „Elementen" und „Regelmäßigkeiten" (das sind analytische Figurationen), sondern ist eine unabgeschlossene Gesamtheit vielfältiger, bruchstückhafter, widersprüchlicher Ereignisse.

Sprache ist keine Totalität, sondern ein offenes und veränderliches Miteinander und Durcheinander von Ereignissen, das Regelmäßigkeiten aufweist, aber auch Abweichungen, Widersprüche, Lücken und eben Veränderungen, ein unabgeschlossener Prozess und zu keiner Zeit ein Ding oder ein starres und geschlossenes System.

Das Ungenügen der Sprache, ihre Unvollkommenheit, ihr Versagen dabei, die Wirklichkeit abzubilden, ist in Wahrheit nichts, was zu beheben wäre, sondern einfach die Weise, in der Sprache gesprochen wird. Ihr Ungenügen ist das, was sie ausmacht und wozu sie nötig ist. Wozu die Wirklichkeit verdoppeln? Das macht doch gar keinen Sinn. Erst ein Sprechen, das über Wirklichkeit spricht, also über Wirklichkeit hinausgeht, aber als wirkliches Sprechen selbst Wirklichkeit erzeugt, also Wirklichkeit ist und Wirklichkeit setzt, erst die notwendig „unvollkommene" (weil Wirklichkeit nicht verdoppelnde) Sprache ist sinnvoll.

Sind Sätze „Bilder der Wirklichkeit"? Erstens sind sie selber Wirklichkeit. Zweitens können sie auf etwas verweisen („Dies ist ein Baum. Er steht im Wald. Seine Blätter sind grün."), aber es nicht abbilden. Das sprachliche Bild ist kein sichtbares Bild, sondern es ruft dazu auf, sich Vorstellungen zu machen („Die Blätter dieses Baumes sind grün wie Laubfrösche."). Das sprachliche „Bild" ist selbst nur eine Metapher.

Ich teile *mich* mit, wenn ich *etwas* mitteile: Das ist die Unumgänglichkeit des Selbst in der Sprache. (Auch der unwillkürliche Ausdruck gehört zur Mitteilung.)

Sprache ist durch und durch Zuspruch: So hat jeder sie erworben, so wendet jeder sie an. (Negativer Zuspruch: die Schelte.)

Das Kleinkind, das noch nicht sprechen kann, gibt doch schon Laute von sich, mit denen es darauf reagiert, dass es angesprochen wird. Ihm fehlen noch Lexik und Grammatik, aber mit der Praxis beginnt es schon.

Alles Sprachliche ist an jemanden gerichtet. Vielleicht nicht an eine bestimmte Person, aber doch unter der Bedingung der Möglichkeit einer zuhörenden (oder lesende) Person. Es kann ja auch nicht anders sein, niemand hat Sprache für sich erfunden, jeder hat sie von jemand anderem empfangen, und selbst wenn er irgendwelche Neuerungen am Vokabular, der Grammatik, der Aussprache vornähme, so wäre das nur auf der Grundlage eines vorausgegangenen Sprachempfangs, einer Übernahme der Sprache anderer möglich.

Der Angesprochene ist nicht Teil der Rede (und somit der Sprache; so wenig wie der, der ihn anspricht), aber ohne ihn ist die Rede insofern sinnlos, als sie an niemanden gerichtet wäre und ins Leere ginge. Selbst mehr oder minder unwillkürliche Ausdrücke etwa von Freude oder Schmerz, die sich sozusagen am Rand der Sprache bewegen (Seufzen, Stöhnen, Röcheln usw. sind schon jenseits), sind vergesellschaftet. Sonst lauteten sie in verschiedenen Sprachen nicht verschieden (Aua. Ouch. Aïe. Usw.) und wären nicht erlernt, sondern spontaner, nur individueller Ausdruck. Tatsächlich aber sind sie lexikalisch.

Wenn man bedenkt, dass die Verfasstheit einer Sprache das Denken bestimmt, darf man nicht übersehen, dass Sprache von anderen übernommen ist und nur zum geringsten Teil eigene Prägung aufweist.

Man erlernt Sprache, indem man angesprochen wird. Man muss Sprache erwerben, man kann sie sich nicht ausdenken (außer als Kunstsprache, die aber immer schon Kenntnisse von Sprache voraussetzt). Es gibt also keine Erfindung der Sprache, keine Entstehung der Sprache aus etwas anderem. Sprache ist wie gesagt unvordenklich.

Sprache wird bestimmt von der Geschichte des tatsächlichen Miteinandersprechens.

Sprache ist, noch bevor sie ein Sprechen über etwas ist, ein Sprechen zu jemandem. Das ist ihr logisches Fundament. (Und das Fundament ihrer Logik.)

Angesprochen zu werden und anzusprechen sind Grundvollzüge der Sprache. Man könnte nicht sprechen, wenn man nicht angesprochen worden wäre. Das Sprechen anderer geht dem eigenen notwendig voraus.

Sprache ist Sprache der Anderen und bleibt es.

Jede Sprache ist eine Fremdsprache. Nur eben nicht für jeden.

Die Sprache, die grundsätzlich fremd ist (Sprache der Anderen), ist das fortgesetzte Geschehen der Aneignung durch das Selbst und zugleich dessen Übersteigung in der Mitteilung.

Was man Muttersprache nennt, ist die erste Fremdsprache, denn man hat sie ja nicht selbst erfunden, sondern sich über einen langen Zeitraum hin von anderen angeeignet. Weil der Einzelne aber vergisst, dass sie ihm einmal völlig fremd war, nennt er die ihm vertraute Sprache (mit einem nicht von ihm selbst erfundenen Ausdruck) Muttersprache und jede andere Fremdsprache.

Was in überhaupt irgendeiner Sprache sinnvoll gesagt werden kann, muss vom Sprecher jeder Sprache gedacht werden können. Anders gesagt: Die Besonderheit dieser oder jener Sprache (die z. B. eine Differenzierung vornimmt, die keine andere Sprache so vornimmt) kann nichts völlig Undenkbares in einer anderen Sprache bewirken, so umständlich die Formulierung der Übersetzung auch sein mag.

Dass es verschiedene, aber auf einander bezogene Sprachen gibt, ermöglicht es, sprachliche Differenzen und sprachliche Indifferenzen, die eben je nach Sprache anders organisiert sind, begrifflich brauchbar zu machen. Wenn eine Sprache für drei Begriffe (Anmut, Gnade, Dank) nur ein Wort (*gratia*) hat, dann muss ein begrifflicher Zusammenhang bestehen, der bei einer Sprache, die drei verschiedene Wörtern für drei verschiedene Begriffe hat, nicht unmittelbar erkennbar ist.

Merkmal von Sprache ist, dass aus einer Sprache in eine andere Sprache übersetzt werden kann.

Fast möchte man postulieren: Gäbe es auf der Welt nur eine einzige Sprache, so gäbe es gar keine. So sehr gehört die Vielfalt der Sprachen und der Umstand, dass es Sprachliches gibt, das man nicht versteht, obwohl man es als Sprachliches erkennt, zu dem, was Sprache ausmacht. Sprache ist, was übersetzt werden kann. Wo es keine Möglichkeit des Übersetzens gäbe (weil keine andere Sprache), gäbe es auch keine Sprache.

XXVI

Wenn Tiere Sprache hätten, müsste sie in eine „Menschensprache" übersetzt werden können, wie gut oder schlecht auch immer. (Übersetzung, nicht Inhaltsangabe!) Und umgekehrt. Da dies völlig unmöglich ist, ist es unsinnig, von irgendwelchen Tiersignalen als von einer „Sprache" zu faseln. — „Koko Banane Wollen" ist kein deutscher Satz.

Die Laute der Tier ergeben keine Sprache. Von ihnen her ist keine Ableitung menschlicher Sprache möglich. Vom Brummen, Summen, Grunzen und Wimmern führt kein Weg zum Wort.

Gewiss können Tierlaute als Signale gedeutet werden, ein Lockruf bedeutet vielleicht: „Komm!", ein Knurren: „Bleib bloß weg!" Aber Wörter und erst recht Sätze sind anderes als Signale, auch wenn sie als Signale verwendet werden können.

Ein Wort wie „Sprachbenutzer" sollte man nicht benutzen. Sprache ist nicht von der Art eines Schnäuztuches. Man mag Sprache meinetwegen als „Medium" bezeichnen, wenn man sich vorstellt, dass das Sprechen und das Hören von Gesprochenem den Sprecher und den Hörenden in einem Gemeinsamen verbindet oder trennt. Aber Sprache ist kein Werkzeug, kein Ding, das man bemützt, um einen Zweck zu erreichen. Sprache ist Geschehen.

Sprache ist um der Wahrheit willen da. Man kann mit ihr zwar auch lügen, aber das ist ein Missbrauch.

In der Sprache gibt es nichts Außersprachliches. In diesem Sinne ist, wenn gesprochen wird, alles Sprache. Aber es wird eben nicht immer gesprochen. Darüber kann gesprochen werden.

Etwas, was gesagt wird („ein Satz") ist nicht sinnvoll, weil es verstanden wird oder verstanden werden kann. Es werden auch ganz unsinnige Äußerungen verstanden. Vielmehr muss der Satz (das Gesagte) auf Sinn verweisen, um verstanden werden zu können. Zwar ist eine Äußerung immer dann verständlich, wenn sie verstanden wird, aber es wäre ja ziemlich lächerlich, zu sagen: Verständlich ist, was verstanden wird, weil verstanden wird, was verständlich ist.

Es gibt keine „reine" Sprache, und es kann und soll sie auch nicht geben. Gerade die Unvollkommenheiten der wirklichen Sprachen sind es, die Verständigung überhaupt erst ermöglichen. In einer „reinen Sprache" könnte nichts gesagt, nichts mitgeteilt werden, sie wäre vollkommen lautlos.

Eine *petitio prinicpii* begeht, wer seine philosophischen Untersuchungen unbedingt auf das Normale stützt, um dort Normen zu entdecken. Wer sich mit der „Normalsprache" und „normalen Sprechsituationen" befasst, wird gar nicht anders können, als eine Normativität zu entdecken, die die Sprache regelt. Aber was ist damit bewiesen? Doch nur, dass das Normale unweigerlich genormt ist.

Man begreife doch endlich, dass die sogenannte „gewöhnliche Sprache" nur ein Grenzfall des Sprachgebrauchs ist, eine reduzierte Form, und keineswegs die Grundform, von der sich allgemeine Normen ableiten ließen. Wenn schon, dann ist der „poetische Sprachgebrauch" zwar nicht normativ, aber vorbildlich.

Sprache verändere sich nun einmal, heißt es immer. Aber warum muss das so sein, warum kann Sprache nicht einen einmal erreichten Stand bewahren? Neue Erscheinungen erfordern neue Wörter, heißt es. Aber ist es in Wahrheit nicht oft umgekehrt, erscheint etwas nicht als neu, weil es ein neues Wort dafür gibt? Taucht ein neuer Ausdruck auf, so wird er von den Leuten oft schon verwendet, bevor sie wirklich wissen, was er bedeuten soll. In Wahrheit ist die Ursache für sprachliche Veränderung der Verfall, also die Unkenntnis oder Nichtbeachtung von Regeln; ein zu beschränkter Wortschatz, der darum neuer Wörter bedarf; sprachgestalterische Unfähigkeit; und nicht zuletzt die Lust am Modischen, am Verwenden aktueller Ausdrücke, die einen als Angehörigen der sprachlichen Avantgarde ausweisen.

Sprache besteht nicht aus Zeichen (etwas bedeutet etwas anderes), sondern aus sprachlichen Ereignissen. Das heißt nichts anderes als: Sprache findet statt. Und zwar, wenn jemand spricht.

Die Bedeutung eines Wortes erfährt man durch den Gebrauch, den andere davon machen.

Streng genommen bezeichnen nicht Wörter etwas, sondern der bezeichnende Mensch (*homo sigificans*) bezeichnet etwas (*res signata*). Nicht ein Wort (eine Vokabel) bedeutet etwas, sondern der Gebrauch, der davon gemacht wird, ist sinnvoll oder nicht.

Jemandem etwas bedeuten, kann zweierlei heißen: Für jemanden etwas bezeichnen; jemandem wichtig sein. Dieser „Doppelsinn" des Bedeutens ist freilich gar keiner, sondern verweis auf eine Kreuzung, wenn nicht gar eine Einheit von Semiotik und Ethik.

Ein Zeichen ist ein Zeichen, weil es als Zeichen gegeben wird (oder wurde). Es sind nicht bestimmte Eigenschaften des als Zeichen verwendeten Dinges, die es zum Zeichen machen, sondern eben diese Verwendung. Wobei bestimmte Eigenschaften ein Ding vielleicht tauglicher zur Verwendung erscheinen lassen als andere. (Das Bild eines Pfeiles taugt eher dazu, eine Richtung anzugeben, als das Bild eines Rades.)

Ein Ton ist keine Note, ein Wort kein Zeichen.

Gibt es ein Zeichen für „Zeichen"?

Die Befassung mit Sprache ist kein Sonderfall einer Befassung mit Zeichen (die Linguistik ist also keine regionale Semiotik), sondern jede Rede von Zeichen setzt Sprache schon voraus.

Die Vorstellung, Sprache bestehe aus Zeichen, ist eine Ableitung aus der Verschriftlichung von Sprache, denn Schrift besteht tatsächlich aus Zeichen. Sprache wird aber nicht gelesen. sondern gesprochen und gehört.

Sprache ist älter als Schrift. Es gab und gibt nicht-verschriftlichte Sprachen, aber keine (lesbare) Schrift, die nicht in eine Sprache übersetzbar wäre. Welche Beweise braucht es noch, dass Sprache nicht von der Schrift her zu denken ist?

Zweifellos sind Buchstaben Zeichen („Schriftzeichen"). Aber lassen sie sich in „Bezeichnendes" (Signifikant) und „Bezeichnetes" (Signifikat) zerlegen? Wohl kaum. Erst in ihrer Verwendung, etwa als Text, der es erlaubt gelesen — also in Sprache „umgewandelt" — zu werden, bedeuten sie etwas im Unterschied zu etwas anderem.

Die Idee einer apriorischen Schrift wertet das faktische Schreiben und Geschrieben haben ab, diese Zuwendung von Mensch zu Mensch, und lässt nur eine bedeutungslose Materialität übrig.

Die Notenschrift ist kein „Bild" einer Melodie. Sie ist eine Gesangs- oder Spielanweisung. („Wenn du das liest, tu das und das.") Notation bildet nicht ab, sondern leitet an. Daraus kann man etwas über Schrift überhaupt lernen …

Dass es sprachliche Zeichen geben mag, leugne ich nicht. Ich weiß nur nicht, was das sein soll. Was an einer Sprache ist ein Zeichen? Ein Wort, ein Satz? Ein Wortteil, ein Text? Was bezeichnet ein Satz wie „Es regnet"? Den Regen, jemandes Wahrnehmung des Regens, den Satz?

Sprache besteht nicht aus Sprachelementen wie ein Mosaik aus Steinen („pointillistisches Sprachkonzept"). Vielmehr wie ein Gemälde aus Farben. Ihre Mischung, ihre Übergänge, Abgrenzungen, Abschattungen ergeben erst ein Ganzes.

XXVII

Das Denken ist kein körperlicher Vorgang wie das Wasserlassen. Kein seelisches Geschehen wie Freude oder Schmerz. Das Denken ist ein Ereignis eigener Art, das freilich Seelisches und Körperliches einbegreift.

Das Denken ist gegenständlich, aber nicht dinglich.

Das Denken ist unwillkürlich und selbstbestimmt zugleich. Es widerfährt dem Denkenden, der es gestaltet.

Das Denken ist zwar immer notwendig und unabdingbar das Denken eines Einzelnen, aber zugleich immer auch verwoben mit dem Denken anderer und sogar mit den Dingen und nicht zuletzt den Verhältnissen, in denen sich die Menschen zueinander und zu den Dingen bewegen.

Wenn man begreift, dass „Objektivität" eine Sache des Subjekts ist, dass „Wertfreiheit" eine bestimmte Werthaltung ist und dass „Rationalität" immer eine unter mehreren (und insofern „irrational") ist, dann darf man sein Denken kritisch nennen; vorher nicht.

Es ist ein Fehler, wenn man aus dem Begriff der Erfahrung die intellektuelle Erfahrung ausschließt und nur sinnliche und seelische Erfahrung gelten lässt.

Wenn man bedenkt, dass der Gebrauch des rationalen und intellektuellen Vermögens (die Anwendung der rationalen und intellektuellen Fähigkeiten) selbst eine Erfahrung ist, erübrigt sich die Erfordernis, eine „transzendentale" Zwischendecke zwischen Erfahrung und ihrer Reflexion einzuziehen.

Es gibt keine Erkenntnis „an sich", sondern immer gehört zu einer Erkenntnis ein Erkennender und ein Erkanntes, ein Subjekt und ein Objekt. Keine Erkenntnis kann also „rein subjektiv" oder „rein objektiv" sein.

Man überwindet ein Vorurteil nicht, in dem man so tut, als habe man es nicht.

Man kann glauben, ohne zu wissen, aber man kann nicht wissen, ohne zu glauben.

Man bedenke, dass das „Wissen" (aber zum Beispiel auch *le savoir*) ein substantiviertes Verbum ist. Wissen ist also kein Ding, sondern ein Tun. Wer etwas weiß, befindet sich nicht in einem Zustand, er vollzieht eine Handlung. Das Gewusste wird nicht wie ein Ding besessen, es wird etwas damit getan.

Ohne Wahrheit keine Unwahrheit. Aber Wahres braucht nichts Unwahres, um wahr zu sein.

Wenn jeder seine eigene Wahrheit hätte, hätte niemand Wahrheit. Denn dass etwas wahr ist, heißt für mich, dass es auch für andere wahr ist.

Mag sein, dass nur ich eine bestimmte Wahrheit kenne, aber gelten muss sie doch für jeden, sonst wäre sie keine Wahrheit.

Für wen ist der Satz „Wahrheit ist für jeden etwas anderes" wahr?

„Du hast deine Wahrheit, ich habe meine Wahrheit." Die Vorstellung, dass es für verschiedene Menschen verschiedene Wahrheiten gibt, ist das Eingeständnis eines Scheiterns. Es ist bequemer, Unwahrheit als Wahrheit gelten zu lassen, als sich mit Überzeugungsarbeit abzumühen oder sich in Frage stellen zu lassen.

Es kann nicht eines und sein Gegenteil wahr sein, aber es können Wertungen verschieden sein.

Ist es nicht merkwürdig, dass man im Namen bloßer historischer oder kultureller Faktizität die Begriffe „richtig" und „falsch" bzw. „Wahrheit" verabschieden möchte, obwohl es doch geradezu eine transhistorische anthropologische Konstante zu sein scheint, dass Menschen das Richtige tun und die Wahrheit wissen wollen?

Lüge kann es nur geben, weil es Wahrheit gibt. Aber Wahrheit gäbe es auch dann, wenn es keinerlei Lüge gäbe.

Die Lüge ist nie eigenständig, sie ist nie etwas anders als eine verleugnete oder verdrehte Wahrheit.

Wenn es nichts Wahres gibt, gibt es auch nichts Unwahres. Wenn es nichts Unwahres gibt, ist alles wahr. Also ist auch wahr, dass es Wahres gibt. Wenn es nichts Wahres gibt, folgt daraus, dass es Wahres gibt.

Wahrheit ist ein Verhältnis zwischen dem, was ist, und dem, was wahrgenommen, vorgestellt und gesagt wird. Ehrlichkeit ist Verhältnis zwischen dem, was einer sagt, und dem, was er für wahr hält.

Wahr ist, was jemand erkennen kann, der sich weder täuscht, noch irrt, noch lügt. Was aber Täuschung, Irrtum, Lüge ist, erkennt man nur, wenn man erkannt hat, was wahr ist. Was wahr ist, weiß man also nur, wenn man weiß, was wahr ist …

Die Menschen gäben einander nicht recht oder widersprächen einander, wenn sondern ließen ihre Reden einfach nebeneinander herlaufen. wenn es ihnen nicht immer schon um eine gemeinsame Wahrheit ginge, eine Wahrheit, die nicht einfach verfügbar ist, sondern von ihnen miteinander erarbeitet werden muss.

Das Streben Wahrheit als gemeinsames Verhältnis zur Welt, das auch gemeinsames Handeln ermöglicht.

XXVIII

Wahrheit statt Meinungen: Das lässt sich übersetzen in: „Was du meinst, interessiert mich nicht. Mich interessiert nur, was ich für Wahrheit halte."

Die Zurückweisung des Meinens (zu Gunsten wahren Wissens) kann die Form annehmen: „Was ich selbst meine, interessiert mich nicht." Eine absurde Formel, die die eigene Subjektivität wie alle andere einer vermeintlichen Objektivität opfert, was freilich ein rein subjektiver Gewaltakt ist.

Ideologie ist nicht Einsicht, die zu Handlungen anleitet, sondern die Verhinderung von Einsicht, wodurch Taten gerechtfertigt werden, die anders nicht zu rechtfertigen wären.

Sollte man, weil es falsche Autoritäten gibt, alle Autoritäten ablehnen? Oder ist dies selbst dann nicht sinnvoll, wenn alle bisherigen Autoritäten falsch waren? Viele, vielleicht die meisten Menschen ernähren sich schlecht. Soll man deshalb aufhören, sich zu ernähren?

Es ist nicht so, dass das Beobachten dem Deuten vorausginge, vielmehr ist jede Beobachtung schon eine sozusagen gefilterte Deutung. Man kann nichts wahrnehmen, was nicht schon in Deutungen eingebettet wäre. Ein deutungsfreier „Standpunkt" ist unmöglich. Das ist, wenn man so will, das Menschliche oder das Soziale, an das alle beobachtende Praxis gebunden ist, auf das sie sich stützt, auf das sie verwiesen ist.

Jede Rede von einem „Das-ist" ist abstrahierend, insofern sie vom grundlegenden „Für-mich", „Für-dich", „Für-ihn" usw. absieht. Es wird eine Objektivität behauptet, die ohne

Subjektivität auskommen soll: abstrakte Objektivität. Doch wer spricht diesen Satz zu wem: „Das ist"?

Dass etwas wahr oder falsch ist, ist unabhängig davon, ob ich annehme, es sei wahr, oder annehme, es sei falsch. Aber dass ich etwas für wahr (oder falsch) halte, ist nicht unabhängig davon, ob ich es für wahr (oder falsch) halte. (Zwar ist meine Annahme nur dann wahr, wenn ich ein wahre Annahme mache, aber auch nur dann falsch, wenn ich eine falsche mache.)

Nichts ist unvernünftiger — und zugleich auf eine erstaunliche Weise produktiver, nämlich auch eine gewisse Rationalität produzierender — als die Annahme, man könne für die Zwecke wissenschaftlichen Erkennens davon absehen, dass man ein Mensch ist. Dass man also beobachten, messen, ordnen, beurteilen usw. könne, ohne den Bedingungen des Menschseins zu unterliegen. Der Objektivist tut so, als könne er aus sich heraustreten und die Dinge ohne sich betrachten.

Es ist ebenso sinnlos, über die Vorannahme, alles sei vorherbestimmt, zu diskutieren, wie über die, alles sei zufällig. In einer solchen Diskussion wäre, im Licht der jeweils vorausgesetzten Annahme, jedes Argument notwendig oder zufällig, es musste eben geäußert werden oder es hätte auch ein völlig anderes geäußert werden können; und vor allem kann kein Argument von sich überzeugen, da ein Uberzeugtsein ohnehin eintreten muss oder sich ganz zufällig ergibt.

Noch bevor der Determinismus eine ontologische Doktrin sein kann, ist er eine epistemologische.

Wenn alles von unumstößlichen Naturgesetzen abhängt, dann doch auch, dass jemand davon überzeugt ist, alles hänge von unumstößlichen Naturgesetzen ab. Diese Überzeugung könnte zwar auch falsch sein oder ganz anders lauten, doch das ist nicht durch Erkenntnis unterscheidbar (erkennen hieße denn „eine Vorstellung haben, die man haben muss"). Wenn also der Determinismus Recht hat, ist jedes Argument hinfällig, da es nicht von Argumenten abhängt, ob man sie und damit ihn für wahr oder falsch hält.

Im Grunde sagt der Determinist: Alles, was ist, muss so sein, wie es ist, und es ist immer schon alles darauf angelegt, dass meine Überzeugung richtig ist.

Was für ein bemerkenswertes Doppelspiel es doch ist, einerseits zu sagen: Nichts ist ohne Grund, alles, was ist, ist deshalb so, wie es ist, weil es unumstößlichen Gesetzen folgt; und andererseits zu sagen: Diese Gesetze sind, wie sie sind, das ist alles, es gibt keinen Grund dafür.

Wenn das Kriterium der Wahrheit einzig der Erfolg ist, wie beurteile ich dann den Erfolg? Anders gesagt: Wie unterscheide ich ein Urteil über den Erfolg von einem anderen, welches halte ich für wahr?

Wenn Wahrheit nichts anders als das ist, was sich als Wahrheit „durchsetzt", stellt sich immer noch die Frage, woher man weiß und wie wie man überhaupt wissen kann, was sich denn durchsetzt oder durchgesetzt hat; dass es wahr ist, dass etwas sich durchgesetzt hat.)

Man kann sich gegenüber einem pragmatististischen Wahrheitsbegriff schwer den Einwand verkneifen, ob denn, als sich im nationalsozialistischen Deutschland die Auffassung durchgesetzt hatte, dass die Juden eine minderwertige, gefährliche und zu beseitigende Rasse seien, diese Auffassung wahr gewesen sei …

Dass es Wahrheit als diskursiven Effekt gibt, bedeutet nicht, dass es keine andere Wahrheit gibt. Neben der diskursive Wahrheit gibt es zumindest noch die intuitive.

XXIX

Es gibt nicht „die" Vernunft, wie es ja auch, um einen na-
heliegenden Vergleich zu machen, „das" Sehvermögen
nicht gibt, sondern jeder auf seine Weise sieht oder nicht
sieht, gut oder schlecht sieht. Vernunft ist immer die Vernunft des Einzelnen.

Den Menschen ist gemein, dass sie Vernunft besitzen. Nur
besitzen sie weder alle dieselbe, noch machen sie unbedingt denselben Gebrauch davon.

So wie nur der Einzelne sieht, hört, riecht, schmeckt, fühlt,
wenn er es denn kann, hat auch nur der Einzelne das Vermögen, geordnet, umsichtig und rücksichtsvoll zu denken.
Gewiss ist es ein allgemeines Merkmal von Menschen, sehen und riechen zu können, aber manche Menschen können es nicht oder sehen oder riechen anders als andere.
Entsprechend ist auch jeder Mensch auf seine Weise vernünftig oder unvernünftig, macht also auf seine Weise von
seiner Vernunft Gebrauch.

Die „allgemeine Vernunft" ist geradezu die Feindin der besonderen Vernunft. „Die" Vernunft ist immer bloß eine
Form von Rationalität, die den individuellen Vernunftgebrauch festlegen und damit einschränken soll.

Die Idee einer reinen und souveränen, also gleichsam ab-
soluten Vernunft, ist absurd. Der Gebrauch der Vernunft
ist stets auf Alterität bezogen. Das Vermögen und seine
Anwendung hat eine Geschichte und unterliegt gesellschaftlichen Bedingungen. Um zu lernen, vernünftig zu
sein, braucht es die Vernunft anderer.

Die von ihrer Geschichtlichkeit gereinigte Vernunft ist die enteignete, dem Menschen vor- und übergeordnete Vernunft, eine Art von innerer Obrigkeit des Subjekts, ein tyrannisches Gespenst. Es ist aber in Wahrheit gerade die Erfahrung im Vernunftgebrauch, das Lernen von anderen, das eigene Versuchen, sozusagen die Geschichte der Aneignung des zu erschließenden Vermögens, das die Vernünftigkeit des Einzelnen ausmacht.

Dass vernünftiges Denken und Handeln, wiewohl es immer dem Einzelnen zuzuschreiben ist, bei verschiedenen Einzelnen einander ähnelt, ja gleich ist, ist nicht mit einer abstrakten, unpersönlichen „Übervernunft" zu erklären, von der es dann allenfalls subjektive Ableitungen und individuelle Abweichungen gäbe, noch etwa mit einem Zufall biotisch-psychischer Ausstattung. Weder Idealismus noch Biologismus oder Psychologismus können hier etwas zutreffend erklären, nur die Beachtung der Wirklichkeit gelebter Gemeinsamkeit. Das Vernunftvermögen ist „angeboren", was ja schon auf die anderen verweist; sein Gebrauch aber erlernt — von anderen. Und so stimmen sich die Einzelnen auf einander ab und gelangen, freilich offensichtlich keineswegs immer, zu ähnlichen und gleichen Ergebnissen.

Die Vernunft kann niemals „bloßes Vermögen" sein, sie muss angewandt werden, nur so erweist sie sich als das, was sie ist. (Wie einer, der zwar sehen könnte, aber nie sieht, eigentlich blind ist.) Ob jemand vernünftig ist („Vernunft hat") oder nicht, zeigt sich nur daran, ob und welchen Gebrauch er von seiner Vernunft macht, also ob er vernünftig spricht und handelt.

Man muss die Vernunft als ein Vermögen, das jedem zukommt, von den Rationalitäten unterscheiden, den Mustern und Modellen des Vernunftgebrauches.

Der Einzelne verwechselt seinen Vernunftgebrauch leicht mit einer Vernunft als solcher. Das ist unvernünftig.

In gewisser Weise kann die Vernunft gar nicht anders, als ihre jeweilige Vernünftigkeit zu verallgemeinern. Aber das vernünftige Subjekt kann auch erkennen, dass diese Verallgemeinerung eine Verallgemeinerung eines Partikulären ist.

Die Rationalitäten sind die sozialen Überformungen der Vernunft.

Rationalitäten sind kollektive Muster des Vernunftgebrauchs, die den Einzelnen vorgeschlagene oder aufgedrängt werden. Die Versuche der Einzelnen, die eigene Vernunft gemäß einer allgemeinen Vernünftigkeit zu gebrauchen, könnte man „rationalitäre" Praktiken nennen.

Die eine und einzige Rationalität gibt es nicht, sondern nur eine Vielzahl verschiedener Rationalitäten, doch selbst diese sind im Grunde nur analytische Abstraktionen, die sich zum individuellen Vernunftgebrauch verhalten wie verschiedene Grammatiken zur jeweils gesprochenen Sprache. Auch als relativ verstandene ist die Vernünftigkeit (Rationalität) selbstverständlich noch auf Allgemeines bezogen. Aber sie wird diesem nicht einfach über gestülpt, sondern lässt sich ihrerseits von der Relativität des Allgemeinen durchziehen.

Jede besondere Rationalität impliziert eine These über die allgemeine Rationalität. Jede Rationalität ist also zugleich eine „Metarationalität", die sie sich selbst im Verhältnis zu anderen Rationalitäten und diese im Verhältnis zu sich beurteilt: Sie als irrational verwirft oder als auf andere Weise rational anerkennt.

Jeder Rationalität eignet aus der Perspektive einer anderen, von ihr abweichenden, gar ihr widersprechende Rationalität etwas Wahnhaftes. Nur indem sie sich von anderen (wirklichen oder möglichen) Rationalitäten abgrenzt und diese als irrational ausschließt, kann eine Rationalität sich ihrer eigene Irrationalität verbergen. Bei manchen ist ihre Rationalität nicht zuletzt ein Mittel, gewisse Vorurteile ihres Milieus, ihrer Zeit, ihrer Profession usw. anwenden zu können. Diese Rationalisierung von Undurchschautem, aber Beabsichtigtem hat somit nicht nur ein psychologisches Thema zu sein, sondern auch das einer gesellschaftskritischen Epistemologie.

Dass es mehr als nur eine Rationalität gibt, zeigt sich schon daran, dass eben diese These entweder verworfen werden muss (Rationalität A) oder zugelassen werden kann (Rationalität B). Für jede der beiden Rationalitäten ist die jeweils andere irrational, aber Rationalität B könnte Rationalität A immerhin als Rationalität anerkennen wenn sie nicht den Anspruch erhebt, die einzig mögliche Rationalität zu sein.

Das Konzept des „Rationalitätenpluralismus" will letztlich darauf hinaus, dass das, was jeweils als rational gilt, auch etwas anderes sein könnte, dass also auch etwas anderes rational sein könnte. Doch es geht dabei nicht um Beliebigkeit, sondern ganz im Gegenteil um das Durchschauen von Zwanghaftigkeiten und letztlich ein freieres Denken.

XXX

Vernunft ist die Fähigkeit, etwas so zu beurteilen, wie andere es beurteilen könnten.

Vernunft ist wesentlich *transgressiv*: Wer Vernunft gebraucht, überschreitet sich als der, der er ist, auf das hin, was er nicht ist.

Wer vernünftig denkt, denkt relativ: Er setzt in Verhältnisse, bemüht sich, Zusammenhänge, Ursachen und Folgen einzuschätzen und zieht daraus Schlüsse für das eigene Verhalten.

Die Vernunft ist kein Maßstab, sondern die Fähigkeit, Maßstäbe zu beurteilen — anhand anderer Maßstäbe.

Die Vernunft ist auch die Fähigkeit, Unvereinbares zu vereinbaren oder Unvereinbarkeiten auszuhalten.

Vernünftig ist, wer versucht, zu verstehen und sich gegebenenfalls verständlich zu machen.

Würde Verständigung immer gelingen, so bräuchte es sie nicht. Nur weil Vernunft endlich ist und scheitern kann, ist sie notwendig.

Vernunft ist das Vermögen, sich auf andere und die Welt so zu beziehen, dass man Zusammenhänge, Zwecke, Ursachen und Folgen in Rechnung stellt. Unvernünftig denkt, spricht, handelt, wer nur an sich denkt.

Vernunft ist das partikuläre Vermögen, universell zu denken.

Vernunft ist das Vermögen des Einzelnen, sich selbst „von außen" zu sehen, an andere zu denken, sich in sie zu versetzen und im Besonderen Erfahrenes zu verallgemeinern.

Vernunft sucht das rechte Maß. Das Übermäßige und das Unzureichende meidet sie, weiß aber auch, das zuweilen nur das Maßlose angemessen ist.

Ein Übermaß an Vernünftigkeit ist nicht viel weniger zu fürchten als ein Mangel an ihr.

Beim Vernunftgebrauch nicht maßzuhalten, wäre unvernünftig.

Vernünftig ist nur, wer auch das Unvernünftige zu seinem Recht kommen lässt.

Man kann fragen, ob das oder das vernünftig ist, aber man kann nicht fragen, ob es vernünftig ist, dass das und das vernünftig ist.

Man kann rational handeln, ohne es zu wissen. Aber man kann nicht intellektuell sein, ohne es zu wollen.

Vernunft ist immer zugleich auch „Metavernunft", also das Vermögen der Reflexion des Vermögens (und seines Gebrauchs).

Dass Vernunft ein Vermögen des Einzelnen ist, bedeutet nicht, dass die Regeln für richtigen oder falschen Vernunftgebrauch „subjektiv" sind. Vernunft ist kommunikativ und ihr Gebrauch sozial.

Zum richtigen Gebrauch der Vernunft gehört auch zu unterscheiden, wann man im Denken vergleichsweise ungebunden sein muss und wann man durchaus der Anleitung bedarf. Ja, man gelangt zur Mündigkeit, also zur Selbständigkeit und Unabhängigkeit des Urteils, überhaupt nur durch Anleitung und Vorbilder.

Ist es vernünftig, so zu denken, wie man meint, dass man denken soll, weil andere so denken?

Vernunft erlaubt, das eigene Denken und Handeln zu prüfen, aber auch das der anderen. Rücksichtslos nur „das eigene Ding durchzuziehen" ist ebenso unvernünftig wie die eilfertige Unterwerfung unter fremdes Meinen und Wollen.

Vernunft ist immer auch ethische Vernunft. Die Trennung in verschiedene „Vernünfte" (theoretisch, praktisch, ästhetisch) ist schon Effekt einer defizitären Rationalität, eines eingeschränkten Vernunftgebrauchs.

Selbst die „rein technische" Vernunft ist nur möglich, weil ihr Gebrauch von anderen erlernt wurde (und von Verhältnissen gefordert wird).

XXXI

Die Wissenschaftsgläubigkeit ist ein Fluch der Moderne. Ein Aberglaube, der schlimmer ist als alle anderen, weil er sie alle überwunden zu haben glaubt.

„Esoterik" ist nicht das Gegenteil von Wissenschaftsgläubigkeit, sondern bloß deren Kehrseite.

Die Wissenschaften zeigen nicht, wie die Wirklichkeit ist, sondern wie sie *wahrscheinlich* ist. Ein Historiker mag völlig redlich eine Darstellung eines Ereignisses geben, wenn ein Dokument auftaucht, das ihn zwingt, die Geschichte umzuschreiben, wird aus der vermeintlichen Wahrheit eine halbe oder ganz falsche. Umso mehr gilt das für die sogenannten Naturwissenschaften, die gegenüber den sogenannten Geisteswissenschaften im Nachteil sind, weil sie schon methodisch nicht auf die Wirklichkeit, sondern auf ein von ihnen fabriziertes Präparat, eine Wirklichkeitssimulation gerichtet sind.

Wissenschaftlichkeit als solche wird meist überschätzt. Wissenschaft ist, wie das Wissen selbst, nie Selbstzweck, sie gewinnt ihre Bedeutung erst durch das (praktische) Verhältnis, das sie dem, der sich ihrer bedient, zur Wirklichkeit einzunehmen erlaubt. Es geht dabei keineswegs um den Nutzen von Wissenschaft (im engeren Sinn), sondern (allgemeiner gefasst) um deren Wirkung.

Wissenschaft, die sich nicht mit ihren eigenen Mitteln reflektieren, also sich selbst kritisieren kann, ist unkritische Wissenschaft. Alle wahre Wissenschaft ist kritisch.

Wissenschaft im strengen Sinne ist nur, was Gegenstand seiner selbst sein kann. So gibt es eine Geschichte der Geschichtswissenschaft, eine Philosophie der Philosophie, eine Theologie der Theologie usw. Rhetorische Untersuchungen von Rhetoriken, grammatische von Grammatiken sind möglich. Anderes, wie etwa die Theaterwissenschaft oder die Archäologie, die Musik- oder die Kunstwissenschaft, erweist sich nach dem Kriterium der Selbstgegenständlichkeit als bloß abgeleitet oder partikulär (wie es ja etwa auch die Liturgiewissenschaft als Teil der Theologie oder die Kunstphilosophie als Gebiet der Philosophie sind). Als völlig unwissenschaftlich müssen hingegen die sogenannten Naturwissenschaften gelten, denn es gibt keine, Chemie der Chemie, keine Astrophysik der Astrophysik, keine Botanik der Botanik usw.

Statt von Natur- und Geisteswissenschaften zu sprechen (oder Kulturwissenschaften, *humanities* usw.), könnte man auch von unkritischen und kritischen Wissenschaften sprechen.

Die Philosophie ist die einzige Wissenschaft, die nicht nur sich selbst kritisieren kann, sondern diese Selbstkritik als ihr Hauptgeschäft betrachtet.

Im Grunde ist jede Wissenschaft eine Naturwissenschaft, nämlich sofern unter der Natur einer Sache einfach bloß deren Eigenart verstanden wird. Der gewöhnliche Begriff der Naturwissenschaft meint Natur jedoch offenkundig in einem anderen, von den einzelnen Wissenschaften allerdings nicht einzulösenden Sinn: als unbestimmte Gesamtheit des von Menschen nicht Gemachten. Dieser Naturbegriff aber ist ein Ideologem.

Philosophie ist mit dem Grundlegenden befasst. Naturwissenschaftliche Forschung baut darauf — zumindest implizit und ohne sich davon Rechenschaft zu geben — auf. Wer meint, Naturwissenschaften entdeckten die Grundlagen, auf denen Philosophie aufzubauen habe, verdreht die Tatsachen.

Es ist die Idee der Philosophie selbst, wie sie von den Griechen entwickelt wurde, die zur Ablösung der Wissenschaften führen musste. Andere Kulturen, die einem „unphilosophischen" Verständnis von Weisheit folgten, bewahrten die Einheit oder, wie man besser zu sagen hätte: den Zusammenhalt der Wissenschaften weit eher. Für das postgriechische, postmittelaterliche Abendland aber galt: Weil es die Philosophen gab, die sie nicht waren, konnten die Wissenschaften unphilosophisch sein, also „töricht", sofern Torheit das Gegenteil von Weisheit ist. Weise Wissenschaftler streben darum immer zur Philosophie zurück, verfehlen aber meist deren mögliches Niveau.

Der Unterschied von Gesellschaft und „Natur" entspricht dem von Empirie und Ideologie. Denn während das Gesellschaftliche eine unmittelbar erfahrbare Wirklichkeit ist, müssen die Resultate der „Naturwissenschaften" meist erst durch undurchschaute metaphysische Prämissen und phantastische technische Veranstaltungen herbeigezaubert werden.

Wissenschaft hat es nicht mit nackten Fakten zu tun, sondern mit der deren Deutung. Selbst Messwerte sind gar nichts, wenn ihnen keine Bedeutung gegeben wird.

Wissenschaft ist gedeutete Darstellung einer Wirklichkeit.

Jede Wissenschaft erzählt. Elektronen umkreisen den Atomkern, die Dinosaurier starben aus, 17 ist nicht ohne Rest durch 4 teilbar: auch Naturwissenschaft erzählt.

Zur Wissenschaft gehört, dass sie nicht einfach nur „weiß", sondern dass sie angeben kann, wie sie zu ihrem Wissen gelangt ist.

Ohne spezifischen Gegenstand und ohne spezifisches Verfahren keine Wissenschaft. Im Grunde konstituieren die Verfahren den Gegenstand.

Es ist nicht so, dass die Naturwissenschaften sich nur mit Teilen der Wirklichkeit befassten und andere Teile auslie-ßen und anderen Befassungen überlassen müssten. Sie befassen sich mit ihren Gegenständen vielmehr unter einem beschränkten Gesichtspunkt. Diese methodische Beschrän-kung kennzeichnet andere Einzelwissenschaften auch. Die systematische Beschränkung, also die Befassung nur mit bestimmten (Arten von) Gegenständen ergibt sich aus der methodischen.

Die Universalwissenschaften (Philosophie und Theologie) können hingegen alles zum Gegenstand haben, sie müssen es sogar haben können, denn ihr Gesichtspunkt ist nicht eingeschränkt. Sofern man nicht von einer „Einschränkung auf das Allgemeine" reden will.

Die Universalwissenschaften betrachten das Allgemeine als Besonderes.

Ist nicht vor allem dies der Irrweg des Szientismus, die Formen auf Formeln reduzieren zu wollen, sie gleichsam zu verdinglichen, die Wirklichkeit messbar und berechen-bar zu machen? Nun ist gegen das Messen und Rechnen so wenig etwas einzuwenden wie gegen Abstraktionen über-haupt. Es gibt ja durchaus Quantitäten. Der Fehler besteht aber darin, das Quantitative verabsolutieren, schlechthin *alles* quantitativ fassen zu wollen und über den Zahlen das Unzählbare und Unberechenbare zu vergessen.

XXXII

Die „naturwissenschaftliche Realität" ist nicht die Realität überhaupt. Was die Naturwissenschaften erforschen und darstellen, ist nicht die Wirklichkeit schlechthin, sondern eine Wirklichkeit bestimmter Gegenstände, die unter bestimmten Gesichtspunkten mit bestimmten Verfahren untersucht werden. Dagegen ist nichts einzuwenden, es darf aber nicht zur alleinigen und ausschließlichen oder auch nur vorbildlichen Realität erhoben werden.

Nicht nur sind die Tatsachen der Naturwissenschaften nicht die einzigen Tatsachen, sondern sie sind sogar weniger tatsächlich als andere Tatsachen, denn sie sind „uneigentliche" Tatsachen, da sie methodisch konstruiert und abstrahiert, experimentell und mathematisch fabriziert sind.

Insofern die Naturwissenschaften es nicht mit Wahrheit, sondern mit Wahrscheinlichkeit zu tun haben wollen, sind sie eben bloß „Scheinwisenschaften".

Die modernen Naturwissenschaften beruhen ganz und gar auf der Idee der Quantifizierbarkeit. Was aber, wenn das Wesentliche, das, worum es bei der Wirklichkeit geht, gar nicht quantifizierbar ist? Und wie könnte man das feststellen? Durch Quantifizierung?

Die „Naturwissenschaften" verfahren experimentell. Nun kann aber kein Experiment prinzipiell den Zufall ausschließen. (Derselbe Versuch hat bisher jedes Mal dasselbe Ergebnis gebracht, aber man kann nie *wissen*, ob er es wieder tun wird.) Der Zufall könnte nur wieder durch ein Experiment ausgeschlossen werden, was dann zu einem infiniten Regress führte. Niemals also haben es die „Naturwissenschaften" mit echtem Wissen um Wahres, sondern immer nur mit Techniken der Wahrscheinlichem zu tun. Die „Naturwissenschaften" sind also nicht nur unkritische Scheinwissenschaften, sie sind streng genommen überhaupt keine Wissenschaften.

Das Konzept des Experiments (als Grundlage „naturwissenschaftlicher" Aktivität) hat einen entscheidenden Schwachpunkt: Alles hängt davon ab, dass die Resultate wahr sind bzw. wirklich wahrgenommen (beobachtet, gemessen, beschrieben usw.) werden. Um also durch Experimente zu Wahrscheinlichkeiten zu kommen, braucht es Wahrheit. Anders gesagt: Auch wenn die „Naturwissenschaften" nicht Wahrheit, sondern nur Wahrscheinlichkeiten behaupten wollen, behaupten sie doch, dass diese Wahrscheinlichkeiten *wirklich*, *wahrhaftig* und *tatsächlich* wahrscheinlich sind.

Man kann die „Naturwissenschaften" insofern durchaus zu Recht als Scheinwissenschaften bezeichnen, als zu ihrer Arbeitsweise (und übrigens auch zu ihrem Wirklichkeitsverständnis) unabdingbar die Beobachtung gehört. Will man nun am Unterschied von Sein und Schein festhalten, so wendet sich die Beobachtung nicht dem zu, was etwas wirklich ist, sondern dem, wie es unter bestimmten Bedingungen erscheint.

Die Äußerung, etwas sei „naturwissenschaftlich unmöglich", ist nicht sinnvoll. Die Naturwissenschaften können allenfalls vorhersagen, dass etwas völlig unwahrscheinlich ist, sie bieten aber kein sicheres Wissen darüber, dass es unmöglich ist.

Alle naturwissenschaftliche „Naturbeobachtung" will darauf hinaus, dass nichts einzigartig ist. Man betrachtet nicht, um dieses oder jenes Phänomen als solches zu erfassen, sondern man will es einordnen, etikettieren, ablegen, man will Regelmäßigkeiten feststellen und Gesetze aufstellen. Die „Naturbeobachtung" ist radikal antiindividualistisch und anti-singulär, ihr geht es nur ums Typische, Wiederholbare, Allgemeine.

Wenn man von etwas abstrahiert, heißt das ja nicht, dass es nicht existiert. Wenn also die Naturwissenschaften vom Persönlichen abstrahieren, das zu jedem menschlichen Weltbezug gehört, dann heißt das nicht, dass dieser persönliche Weltbezug nicht existiert — und dass er womöglich die Grundlage auch des naturwissenschaftlich-abstrakten Weltbezuges ist; nur eben durch diese Abstraktion unsichtbar gemacht und damit undenkbar.

Die sogenannten Naturwissenschaften sind alles andere als Erfahrungswissenschaften. Sie haben es nicht mit Tatsachen und tatsächlichen Erfahrungen zu tun, sondern mit abstrakten Erklärungen. — Man vergleiche das verschrobene „Planteenmodell" des „Sonnensystems" mit der Erfahrung, dass die Sonne im Osten aufgeht und im Westen untergeht. Das ist nämlich eine jeden Tag zu beobachtende Tatsache (ausgenommen am Polarkreis). Das andere aber bloß eine Behauptung, deren Bestätigung sich der menschlichen Erfahrung entzieht (man befände sich denn irgendwo draußen außer im Weltall).

Die Naturwissenschaften beschreiben nicht die Wirklichkeit, wie sie ist. Das ist ein weitverbreiteter Irrtum. Die Naturwissenschaften beschreiben eine Wirklichkeit, wie sie wäre, wenn bestimmte Bedingungen erfüllt wären. Ob diese Bedingungen erfüllt sind oder nicht, können die Naturwissenschaften nicht sagen, weil ihre Betrachtungen diese Bedingungen voraussetzen.

Die Behauptung, nur naturwissenschaftliche Sätze seien sinnvoll, ist selbst kein naturwissenschaftlicher Satz. Also? (Also ist das „naturwissenschaftliche Weltbild" selbst unwissenschaftlich.)

Inwiefern ist die „Voraussagbarkeit" von Ereignissen ein Kriterium für wahre Erkenntnis? Auf Grund seiner Erkenntnisse macht ein Wissenschaftler eine bestimmte Voraussage. Tritt das Vorausgesagte ein, nimmt er das als Bestätigung seiner Erkenntnisse. Tatsächlich aber müsste er beweisen, dass zwischen den Erkenntnissen, auf Grund deren er seine Voraussage trifft, und dem Eintreten des Vorausgesagten wirklich ein Zusammenhang besteht. Das Konzept der „Voraussagbarkeit" wie auch die Idee des Experimentes überhaupt impliziert zudem metaphysische Hypothesen über die Wiederholbarkeit bzw. Nichtwiederholbarkeit von Ereignissen. Diese Implikationen reflektieren die Naturwissenschaften naturgemäß nicht.

Das Leben, ja die Wirklichkeit überhaupt ist, wissenschaftstheoretisch betrachtet, ein unwiederholbares Experiment. Darauf eine Wissenschaft zu gründen, ist aberwitzig, aber notwendig, weil davon die Möglichkeit von Wissenschaft überhaupt abhängt. Denn gibt es im Ganzen und Grundsätzlichen kein Wissen, so gibt es gar kein Wissen.

Warum spricht man im Zusammenhang mit der „Natur" von „Gesetzen", wenn man keinen Gesetzgeber annehmen will?

Es ist selbst ein Mythos, wenn Mythen damit „erklärt" werden, dass Menschen früherer Zeiten, die über keine naturwissenschaftlichen Kenntnisse verfügten, sich natürliche Phänomene verständlich zu machen versuchten, indem sie Geschichten von übernatürlichen Wesen erzähltem. (So etwa vulkanische Tätigkeit mit unterirdischen

Schmieden erklärten.) Solche „Erklärungen" setzen voraus, was in den „klassischen" Mythen nicht vorausgesetzt wird: ein naturalistisches Weltbild. Man kann aber dieses Weltbild nur setzen, nicht außerhalb seiner selbst begründen. Es ist nur in sich selbst stimmig, aber das sind Mythen auch.

Die Alternative lautet nicht „Evolution" oder „Kreationismus", sondern Mythos oder Wissenschaft. Der Glaube an die Evolution ist ebenso unwissenschaftlich wie der Glaube an eine Schöpfung in sechs Tagen. Und hat ebenso seine Berechtigung, weil er eine Wahrheit über die Gesellschaft erzählt, in der er gilt.

Jahrtausendelang war man überzeugt, dass die Affen den Menschen ähneln — sie „nachäffen"; es blieb der Moderne vorbehalten, zu entdecken, dass die Menschen den Affen ähneln. Was für eine Errungenschaft, was für ein Fortschritt!

Die Mathematik, so abstrakt ihre Ausführungen auch sein mögen, konstituiert keine zweite Welt neben einer ersten. Die Zahl gehört zu dieser einen Welt, weil sie Ergebnis des Zählens ist, ursprünglich des Abzählens. Vom Abzählen zum Rechnen zu den allerabstraktesten Operationen: All das ist von dieser Welt.

Bestimmte Zahlen sind unvorstellbar, sie übersteigen das Vorstellungsvermögen (man könnte sie daher transimaginär nennen). Sie sind darum zwar keine Phantasiezahlen, entbehren aber der Erfahrbarkeit. Welcher Mensch könnte „Milliarden Jahre" abzählen?

Wer mit unvorstellbaren Zahlen operiert, erzählt zwar Geschichten („Es war vor Millionen vor Jahren"), aber er treibt keine Historie. Denn er verfügt weder über Dokumente noch Monumente, nur über Deutungen von Material und Berechnungen.

Die übliche Medizin (Pharmazie, Biologie usw.) behandelt den beseelten Körper wie einen toten oder wie einen Körper, dessen Gefühle Nebeneffekte sind und dem das Bewusstsein fremd ist. Der lebendige Leib aber ist mehr als eine Abfolge messbarer Zustände. Er verhält sich zu sich selbst, und auch das das bewirkt Krankheit und Gesundheit. Die „wissenschaftliche" Medizin muss davon notwendigerweise abstrahieren, und so, wie gewisse Eingriffe Körperverletzungen sind, ist die Grundhaltung eine permanente Missachtung der Würde und Selbsttätigkeit des einzelnen Menschen. Der Körper ist gewiss ein Ding, aber ihn, sofern er beseelt ist, wie ein Ding zu behandeln, gründet auf einem Missverständnis und ist ein Fehlverhalten.

Ethik und Politik sind keine naturwissenschaftlichen Themen und fallen nicht in die Kompetenz der Naturwissenschaftler. Mit ihnen darüber zu diskutieren hieße, mit einem Elektriker über Gartenbau zu diskutieren. Mit ihm „als Privatperson" kann ich das tun, in seine berufliche Zuständigkeit fällt es nicht.

XXXIII

Ich bin ein entschiedener Gegner des Begriffs der Meta-
ethik. Über Fragen der Ethik nachzudenken bedeutet,
Ethik zu treiben. Selbstverständlich kann man aber über
metaphysische Implikationen und Prämissen der Ethik
ebenso nachdenken wie über ethische Prämissen und Implikationen der Metaphysik.

Im Kern sind alle ethischen Probleme metaphysische Probleme. Und umgekehrt.

Um zu wissen, was man tun soll, muss man auch wissen,
was Sache ist: Ethik ohne Realitätsbezug gibt es nicht.

Kann überhaupt sinnvollerweise eine materialistische
Ethik gedacht werden? Wie kommt man zu Sollenssätzen,
wenn alles bloß das ist, was es ist, also im Grunde weder
gut noch schlecht, sondern *quasi* wertneutrale Materie?

Jedes Verhältnis zu jemand anderem ist auch ein Verhältnis
zu sich selbst, Und umgekehrt. Das ist das metaphysische
Prinzip des Ethischen.

Die ethische Frage schlechthin lautet: Was soll ich tun, was
soll ich lassen? Die ethische Antwort schlechthin lautet: Behandle jeden so, wie du von ihm behandelt werden willst.
Man nennt das die Goldene Regel.

Die Goldene Regel besagt nicht: Behandle andere so, wie
sie dich behandeln. Und auch nicht: Behandle andere so
und so, damit sie dich so und so behandeln. Es geht nicht
um (faktische oder normative) Reziprozität, sondern um
den Anderen und seine Erfordernisse, Bedürfnisse oder
Rechte als Maßstab meines Handelns.

Die Goldene Regel verlangt nicht nach einem allgemeinen Gesetz — sie ist ja selbst schon eines —, sondern danach, dass das ethische Subjekt sich in die Lage seines Gegenübers versetzt: Was sollte er im Bezug auf mich tun? Das tue ich in Bezug auf ihn!

Die Goldene Regel begründet die einzig mögliche Ethik: Die Ethik der Verantwortung für den Anderen, den Mitmenschen. Alles andere wäre Ideologie.

Die Ethik hat es (anders als eine Moral) nicht mit der Anwendung allgemeiner Regeln auf besondere Fälle zu tun, sondern im Gegenteil mit dem Besonderen als Besonderem, mit dem Einzelnen und dem Anderen. Gewiss ist die Goldene Regel ebenfalls eine allgemeine Regel (die unbedingt anzuwenden ist), aber sie ist die einzige und fordert nichts Allgemeines, sondern die Würdigung des Besonderen.

In der Ethik geht es eben gerade nicht um das „Gattungsmäßige", nicht um die Verallgemeinerung von Handlungen, Absichten, Folgen usw., sondern um die Anerkennung der Besonderheit jedes Einzelnen. Die Regel lautet nicht: Behandle den anderen so, wie ihn jeder behandeln würde. Und auch nicht: Behandle den anderen so, wie du jeden behandeln würdest. Die Goldene Regel lautet vielmehr: Behandle den anderen so, wie du von ihm behandelt werden willst. Gemeint ist: Wenn du unter denselben Umständen an seiner Stelle wärst. Es geht also nicht um abstrakte Maximen, sondern um die konkrete Situation konkreter Personen, um Gleichberechtigung, nicht um Unterordnung.

Die Goldene Regel fordert nicht dazu auf, eine allgemeine Norm aufzustellen, nach der jeder zu handeln hat,. sondern in einer konkreten Situation für sich selbst zu entscheiden, was man getan haben wollte, wenn man der Andere wäre.

Die Goldene Regel wendet sich an mich im Verhältnis zu meinem Nächsten. Ob das, was daraus folgt, für Dritte verallgemeinerbar ist, ist für die Ethik völlig irrelevant. Die Verallgemeinerbarkeit mag bestehen oder nicht, sie ist kein ethisches Kriterium.

Das Seinsollen des Anderen ist die Grundlage des Sollens überhaupt. (Und damit der Grund aller Ethik.)

Der Andere ist in dem Maße Kriterium meines Handelns, in dem ich Kriterium seines Handelns sein soll.

Jeder trägt für jeden Verantwortung, auch für den, mit dem er nur vermittels der Verhältnisse zu tun hat, in denen er lebt, ohne dem anderen je unmittelbar zu begegnen.

Es geht nicht darum, was dieser oder jener meint, dass sein soll, sondern darum, was wirklich und tatsächlich sein soll. Über Ethik lässt sich nicht abstimmen. In ethischen Fragen ist Meinungspluralismus unethisch. Mögen die Antworten zunächst ungewiss sein, wenn sie dann stimmen, stimmen sie. — „Ethikkommissionen" haben nur die Funktion, durch Gerede schließlich das doch zu erlauben, was eigentlich unerlaubt ist, aber politischen, ökonomischen, kulturellen Interessen befriedigt.

Nicht alles, was ein Mensch kann, soll er, aber alles, was er soll, kann er. Und er kann auch das, was er nicht soll, durchaus lassen.

Wo es ein Pflicht gibt, muss es auch die Möglichkeit geben, sie zu erfüllen. Eine unerfüllbare Pflicht besteht nicht.

Die Frage, warum man Gutes tun solle und nicht Böses, ist unsinnig. Das Gute ist das, was man tun soll. Man kann also danach fragen, ob dies oder jenes gut ist und warum das eine gut ist, das andere jedoch nicht, und man kann fragen, ob man etwas tun oder lassen soll, aber man kann nicht sinnvoll danach fragen, ob man tun soll, was man tun soll.

Sollen ist keine Wertung, die nachträglich einem ansonsten neutralen Sein übergestülpt wird. Sein ist durch und durch gut, insofern es dies nicht ist, ist es böse. So gesehen ist Ethik im Kern der Ontologie zu verorten.

Wenn das, was sein soll, nicht ist, und das, was ist, nicht sein soll, wenn also Sein und Sollen auseinandertreten, auseinanderfallen, muss man vom Bösen sprechen. Sein, das nicht mit Sollen übereinstimmt, hat einen Defekt.

Unsinnig ist die Behauptung, es müsse Gutes und Böses geben, das Böse sei notwendig, damit es Gutes gebe. Nein, das Gute ist das, was sein soll, das Böse ist das, was nicht sein soll; wie kann man sagen, was nicht sein solle, müsse sein?

Demut ist eine Haltung, kein Verhältnis. Der Demütige braucht niemanden, dem gegenüber er demütig ist, er kann auch ganz für sich allein demütig sein. Allenfalls könnte man sagen, dass Demut ein Verhältnis zu allen Menschen ist. Unterwürfigkeit hingegen ist eine Haltung, die nur im Verhältnis zu diesem oder jenem eingenommen werden kann, selbst wenn es regelmäßig zu jedem eingenommen wird.

Warum Tugend unbedingt als ein Weniger verstehen? Warum nicht als eine Steigerung? Ethik schränkt nicht ein, sie ermöglicht.

Jeder ist für sich selbst verantwortlich? Mag sein. Aber wem?

Oft heißt es: Ich trage die Verantwortung. Aber gemeint ist: Ich habe die Macht.

XXXIV

Die menschliche Selbstbestimmung, verstanden als freies Verfügen über das eigene Tun und Lassen, hat faktische und ethisch Grenzen. Der Mensch *kann* nicht alles, was ihn betrifft, selbst bestimmen, und er *soll* es auch nicht. Welche Ansprüche auf Selbstbestimmung sinnvoll sind, kann nicht einfach durch einen Willensakt oder die Behauptung eines „Rechtes" entschieden werden. Die Einsicht in die Grenzen der Selbstbestimmung, ist eine Voraussetzung ethischer Reflexion, nicht umgekehrt die Ethik ein Effekt von vermeintlichen Rechten auf dies und jenes.

Es ist nicht einzusehen, warum die sogenannte Selbstbestimmung über das eigene Sterben Bedingung der Würde des Menschen sein soll. Der Mensch hat auch nicht über seine Zeugung verfügt. Ist es unwürdig, gezeugt, ausgetragen und geboren worden zu sein? — Es gibt kein Recht, sich zu töten, weil es kein Recht darauf gibt, tot zu sein.

Es ist immer ethisch richtig, die Partei der Schwachen, Wehrlosen, Unterdrückten zu ergreifen gegen die Mächtigen, Überlegenen, Gewalttätigen.

Wer wäre wehrloser als ein ungeborenes Kind? Und doch läuft der Feminismus Sturm gegen die einfach Einsicht, dass es unbedingt verboten ist, ein Kind im Mutterleib zu töten. Und wird dabei vom Zeitgeist nach Kräften unterstützt.

Warum nicht in der Abtreibungsfrage endlich ein Kompromiss zwischen Freigabe und Verbot finden: Die Tötung weiblicher Föten ist jederzeit erlaubt, die Tötung männlicher ausnahmslos verboten. (Vielleicht öffnete ein solche Vorschlag manchen die Augen.)

Menschenrechte werden nicht durch Gesetze geschaffen; sondern Gesetze sind bestenfalls auf Rechte gegründet und schützen diese. Im Grunde sind alle Grundrechte Zurückweisungen staatlicher Übergriffe.

Weil die Menschenrechte nicht vom Staat geschaffen werden, können sie von ihm auch nicht aufgehoben werden; nur missachtet.

Der Rechtspositivismus scheitert daran, dass er nicht logisch begründen kann, warum Gesetze gelten. Weil es im Gesetz steht? Eine zirkuläre „Begründung".

Es kann keine „Tierrechte" geben, weil es keine Tierpflichten gibt (und keine geben kann). Tiere folgen ihren Instinkten, nur Menschen können zwischen Gut und Böse wählen, nur sie sind für ihre Handlungen verantwortlich.

Vernünftiger (also nicht-hysterischer) Tierschutz ist ethisch richtig, weil dabei das Tier als Mitgeschöpf verstanden und behandelt wird. Nicht weil Tiere „Rechte" hätten.

Vereinfacht gesagt: Ethik ist Reflexion der Moral. Moral anwendbare Ethik.

Das Wertgerede und das Wertverhalten unterscheiden: Was sagt einer, dass ihm wichtig ist, und wie verhält er sich tatsächlich? Es kann einer überzeugt sein, dies und das seien seine „Werte", sein Verhalten zeigt aber, dass ihm anderes wichtig ist, als er denkt und sagt.

Es kommt nicht darauf an, ob eine Entscheidung nach reiflicher Überlegung oder spontan gefällt wird, sondern darauf, ob sie richtig oder falsch ist. Ein Diebstahl oder Mord nach reiflicher Überlegung ist kein geringeres Verbrechen, als einem plötzlichen Einfall folgend zu stehlen oder zu töten.

Unterlässt man auch das, was man zwar selbst für unmoralisch hält, wovon aber niemand je erführe? Oder nur das, wovon andere wissen werden und das sie für unmoralisch halten könnten? Die Antwort zeugt vom Stand des moralischen Bewusstseins. Die Menschen handeln ja meist nicht aus Einsicht, sondern gemäß dem, was sie als Urteil anderer erwarten. Vielleicht ist das der vernünftige Zweck der Moral (im Unterschied zur Ethik): Die Unterscheidung von Richtigem und Falschem auch denen vorzuschreiben, die sie nicht selbständig treffen können oder wollen.

Was ist das nur für ein absurdes Gedankenspiel, Subjekten einerseits hinter einem „Schleier der Unwissenheit" ihr wirkliches Leben — und damit alle Erfahrungen mit Recht und Unrecht — zu verbergen, und andererseits anzunehmen, sie könnten irgendeinen Begriff von Gerechtigkeit haben. Das können sie zwar und sie können sich auch auf das Gedankenspiel einlassen, aber doch nur, weil sie Erfahrungen eines wirklich gelebten Lebens haben — zu dem immer auch gehört, sich in andere zu versetzen oder es nicht zu tun.

Das Ungeheuerliche ist ja nicht, dass es Verbrecher gab (und gibt), sondern dass es Leute gab (und gibt), die den Verbrechen zuschauen und im entscheidenden Moment wegschauen. Das Wegschauen ist in gewissem Sinne gerade keine Gleichgültigkeit, sondern vielmehr die spontane, reflexartige Höherbewertung der eigenen Interessen gegenüber dem Anspruch des Anderen.

Die Lust am Grauen, an der Gewalttat, am Blutvergießen und am Mord — stammt sie nicht aus der Langeweile des Spießers, der sich an der Brutalität anderer aufgeilt und berauscht? Und sogar wenn er selbst auf unmittelbare Weise, und nicht nur durch die Strukturen seiner Lebensweise, brutal wird, hört er dann auf, ein Spießer zu sein? Nichts Spießigeres als der Amokläufer, der prügelnde Familienvater, der brave Soldat.

Als wären Mord und Verwundung, Bedrohung und Vernichtung noch nicht schlimm genug, ist das Schlimmste am Terrorismus, dass er mit seinen Verbrechen denen nützt, die im Namen seiner Bekämpfung Unrecht zu Recht erklären können.

Die Frage, wie es in einer Klassengesellschaft möglich ist, dass die Wohlhabenden es ertragen, dass andere arm sind, mag zunächst eine psychologische sein, aber sie betrifft sehr wohl die „Rationalisierungen" (Ideologisierungen) des offensichtlichen Unrechts und also auch die Philosophie. Wie kann man über Gerechtigkeit philosophieren, ohne den Wahnsinn zu berücksichtigen, dass Menschen hungern und in Dreck und Elend leben, während andere im Überfluss schwelgen?

Nein, in der Ethik geht es nicht ums gute Leben (was immer das sein soll). In der Ethik geht es um richtiges oder falsches Tun und Lassen. Eine Handlung kann ethisch geboten sein und trotzdem dazu führen, dass es einem schlecht geht. Etwa wenn andere sich unethisch verhalten. Unethisch wäre es auch, etwas Gebotenes nicht zu tun und etwas Verbotenes nicht zu lassen, damit es einem gut geht.

Was soll das heißen „Es fühlt sich (nicht) richtig an"? Ist es denn richtig oder nicht? Ist man ein Triebwesen oder ein Mensch mit Würde, Anstand und moralischer Kompetenz? Die meisten Menschen scheinen zu glauben, jemanden zu lieben heiße, an jemanden Forderungen zu stellen. Ich liebe dich, also musst auch du mich lieben. Ich liebe dich, also musst du dieses tun und jenes lassen. Ich liebe dich, also musst du so und so sein, nämlich so, wie ich dich liebe. Selbstverständlich ist genau das Gegenteil wahr. Jemanden zu lieben heißt, an ihn im Grunde überhaupt keine Forderungen mehr zu stellen, sondern alles wie eine Gnade von ihm zu empfangen; jemanden zu lieben heißt aber vor allem, diese Liebe als Forderung an sich selbst zu verstehen. Ich liebe dich, also muss ich so und so sein, um würdig zu sein, dich zu lieben, ich muss dieses tun und jenes lassen.

Man kann (was immer davon zu halten ist) das Leben eines Einzelnen opfern, um das Leben vieler zu retten. Aber man kann nicht die Würde eines Einzelnen opfern, ohne die Würde aller zu schädigen.

Defensiver oder aggressiver Universalismus: Werden universelle Normen angeführt, um etwas oder jemanden gegen Beeinträchtigung zu verteidigen oder um Beeinträchtigungen durchzusetzen? Oft schwer zu unterscheiden. Ist das Universelle Ausgangsort oder Ziel?

Intoleranz ist schlecht fürs Geschäft. Das ist der Grund, warum Toleranz im Kapitalismus so boomt. Den Leuten soll es gleichgültig sein, wie andere Leute leben, was sie denken und glauben, solange nur alle im Sinne der Profitmaximierung funktionieren.

Egoismus ist ein Effekt des Sozialen. Zum Egoismus muss man erzogen werden.

Konformismus bedeutet nicht, dass man so ist, wie die anderen. Konformismus bedeutet, so sein zu wollen, wie man glaubt, dass die anderen sein wollen.
Der Konformist ist nicht einfach angepasst, er ist jemand, der nach Anpassung strebt, weil er meint, dass die anderen das auch tun.

Warum sind die Leute so versessen auf „Identitäten"? Sie tun geradezu so, als hinge ihre Freiheit davon ab, mit sich selbst übereinzustimmen und die Erwartungen zu erfüllen, die an bestimmte Begriffe von etwas gerichtet werden. Das Gegenteil ist war. Wenn ich nur bleibe („werde"), wer ich bin, statt mehr und anderes zu werden, als ich schon bin, bin ich unfrei.

Werde, wer du sein wolltest, wenn du wüsstest, wer du sein könntest.

XXXV

Politisch ist alles, was mit dem Zusammenleben einer bestimmten Anzahl von Menschen zu tun hat, insofern es nicht allein durch verwandtschaftliche (oder freundschaftliche) Verhältnisse bestimmt wird.

Das Politische tritt an die Stelle des Archaischen: Es geht dann um die Regeln eines Zusammenlebens jenseits der persönlichen Beziehungen. Die Beziehungen von Mutter und Kind, Freund und Freund, Herr und Knecht sind nicht politisch, auch wenn sie ein Zusammenleben umfassen. In der *polis* (Stadt) aber leben auch Menschen zusammen, deren Beziehungen unpersönlich sind.

Zur Politik gehört Parteinahme, also auch ein Gegeneinander. Politik ist der (meist institutionell abgesicherte) Versuch, die Dynamik des Gegeneinanders für ein übergeordnetes Miteinander zu nutzen.

Der Mensch wächst aus der Handlungsunfähigkeit hinein in Handlungsfähigkeit und mehr und mehr Selbstbestimmung. Die ganze Zeit über wird ihm dabei allerdings von anderen gesagt, was er zu tun hat. Und selbst, wenn er einen kleinen Kreis selbstbestimmter Handlungsmöglichkeiten erlangt hat, so bestimmt er doch nicht über deren Rahmenbedingungen. Der Einzelne bestimmt nicht über Sitten und Gebräuche, über die Sprache, über Machtverhältnisse, technische Vorgaben usw. Er muss sich zu all dem verhalten, aber es bestimmt ihn stärker und tiefer, als er je darüber bestimmen wird.

Macht über andere zu haben heißt, Macht über ihre Macht zu haben, heißt, ihr Können zu beschränken und womöglich zu nutzen. Wer über jemanden Macht hat, schreibt ihm nicht alles vor, was er zu tun hat, sondern lässt ihm in bestimmten Fällen keine andere Möglichkeit, als etwas Bestimmtes zu tun.

Wie kommt die Macht ins Subjekt? Sie ist immer schon darin.

Die Macht beruht auf dem Subjekt. Alle gesellschaftliche Macht ist die Macht jedes Einzelnen zusammen mit allen anderen, überformt und geleitet durch die Einrichtungen und Vorrichtungen (Institutionen und Dispositive). Die Ohnmacht des Subjektes gegenüber der Übermacht der gesellschaftlichen Verhältnisse ist ein Verhältnis von Macht zu Macht, vom Vermögen des (einen) Einzelnen zum Vermögen aller (Einzelnen).

Das Problem sind gar nicht so sehr die Herrschenden. Die sind austauschbar. Das Problem sind die, die gerne beherrscht werden möchten. Die sind unverzichtbar, damit es Herrschaft gibt.

Warum lassen die Menschen sich beherrschen? Weil sie es gewohnt sind.

Ein Herrschender ohne Untertanen ist kein Herrschender mehr. Aber ein Untertan ohne Herrscher ist immer noch ein Untertan.

Es ist nicht wahr, dass Herrschaft dadurch gerechtfertigt ist, dass die Freiheit des Einzelnen sowieso durch die Freiheit anderer eingeschränkt wird. Es gibt einen entscheidenden Unterschied zwischen gegenseitiger Rücksichtnahme und Unterdrückung.

Ginge es bloß um Glück und wäre dieses hinreichend bestimmt als Abwesenheit von Unglücklichsein, so wäre der apathische Mensch der perfekte Bürger des totalitären Staates der irdischen Harmonie.

Herrschaft findet im Normalzustand statt, nicht erst im Ausnahmezustand.

Die Totalitarismen sind nicht deshalb verwerflich, weil sie das Totale anzustreben scheinen, sondern weil die Totalität, auf die sie hinaus wollen, nur um den Preis der Einschränkung zu haben ist. Die Totalitarismen reduzieren die Wirklichkeit und die Ansprüche, die man an deren Möglichkeiten zu stellen berechtigt wäre.

Man verwechsle das nicht: Es ist nicht eine Ideologie, die Leute dazu bringt, bestimmte Dinge zu tun, sondern sie wollen bestimmte Dinge tun und deshalb erfinden oder wählen sie eine Ideologie (oder fügen sich ihr), die ihnen erlaubt, ja von ihnen fordert, das zu tun, was sie wollen. Dies gilt unabhängig davon, ob die Ideologie in einer Lage der Gegnerschaft zur Herrschaft oder einer der Ausübung von Herrschaft angewandt wird. Ideologie und Propaganda dienen im zweiten Fall dazu, den Leuten abzugewöhnen, etwas anderes zu wollen, als die wollen, die über die Ideologie und die Mittel zu deren Durchsetzung verfügen.

Die „kleinen Leute" sind das gesellschaftliche Böse. Die „kleinen Leute" sind die notwendige Stütze jedes Herrschaftssystems. Ohne sie ginge gar nichts, alles geht nur durch sie. Sie erscheinen als die „Beherrschten" und „Unterdrückten", aber das zeigt nur, dass das Repressionsmodell unfähig ist, Machtverhältnisse aufzuzeigen. Die „kleinen Leute", also die Mehrheit, ist das, was unterdrückt; die offiziellen „Unterdrücker" (also irgendwelche Machthaber und ihre Schergen) sind Funktionen des Systems, das von der Mehrheit produziert wird. Man müsste die „kleinen Leute" abschaffen, wenn man eine gerechte Gesellschaft errichten wollte. (In dem Maße, in dem das unmöglich ist, ist jede nach Gerechtigkeit strebende Politik zum Scheitern verurteilt.) Jede „Revolution", die sich hingegen auf die „kleinen Leute" stützt (oder gar um derentwillen angestrebt wird), kann nichts anderes hervorbringen als neuen Terror und neues Unrecht.

Wer glaubt, durch Klassenkampf lasse sich die Klassengesellschaft überwinden, könnte auch glauben, durch Rassenkrieg lasse sich Rassismus überwinden.

Politische Revolutionen sind in der Regel entweder schädlich oder überflüssig. Schädlich sind sie, wenn sie schlechte Verhältnisse durch noch schlechtere ersetzen, was die selbstverständliche Folge davon ist, dass die Verhältnisse nicht von sich aus eine Verbesserung hervorgebracht haben. Brächten sie eine solche hervor, wäre die Revolution überflüssig.

Gewalt ist niemals radikal, sondern stets vordergründig und oberflächlich. Gewalt ist Vereinfachung. Mir passt etwas nicht? Also schlage ich zu. Ich will etwas durchsetzen? Also schlage ich zu. Zwar gibt es durch und durch gewalttätige Menschen (und auch durch und durch gewalttätige Verhältnisse), aber doch in dem Sinne, wie man sagen kann, jemand sei durch und durch oberflächlich.

Unrecht kann nicht billigerweise durch Unrecht beseitigt werden. Deshalb sind politische, soziale, ökonomische Revolutionen nur gerechtfertigt, wenn sie ethische Revolutionen sind. Damit ist nicht gemeint, eine alte Moral durch eine neue zu ersetzen, sondern Veränderungen gemäß ethischer Einsicht und nicht einfach mit Gewalt vorzunehmen.

Der Marxismus ist eine Theorie der Machtergreifung. Aber nicht des „Proletariats", sondern des Marxismus.

XXXVI

Der Staat ist das Problem, nicht die Lösung. Das sei auch denen ins Stammbuch geschrieben, die sich Illusionen über die zivilisierende Funktion der Staatlichkeit machen. Zivilisiertheit mag ein Nebeneffekt der Staatlichkeit sein, sie ist nicht ihr Zweck. Im Zweifelsfall wird sie auch schon mal suspendiert. Echte Zivilisiertheit machte Staatlichkeit überflüssig, unechte ist ihr Resultat.

Ein Staat ist, was von anderen Staaten als Staat anerkannt wird. Es muss also mehr als einen Staat geben, damit es überhaupt einen Staat geben kann. Der eine „Weltstaat" wäre darum gar kein Staat mehr.

Die gesellschaftliche Ordnung wird vor allem dadurch bestimmt, dass der Staat Bereiche festlegt, die in die er nicht oder nur wenig oder nur gelegentlich eingreift.

Der Staat bestimmt selbst darüber, was er darf und was nicht (und was die ihm Unterworfenen dürfen, nicht dürfen, müssen). Wonach aber kann beurteilt werden, ob diese Selbstermächtigung überhaupt gerechtfertigt ist? (Die „demokratische Legitimierung" verschiebt das Problem nur: Wie ist Demokratie zu rechtfertigen?) Letztlich ist also alle politische Normenbegründung willkürlich, solange sie nicht auf die Natur der Sache selbst zurückgeht, aber selbst dann bleibt sie strittig. Folglich ist eine eine wirkliche Normenbegründung nur durch Berufung auf den sich offenbarenden Gott möglich und muss durch eine von ihm eingesetzte und ermächtigte Instanz autoritativ interpretiert werden. Nur eine Theokratie kann berechtigterweise ein Gemeinwesen auf Normen verpflichten.

Nur weil vor Gott alle Menschen gleich sind, ist es sinnvoll zu sagen, vor dem Gesetz müssten alle gleich sein.

Das staatlich gesetzte Recht ist immer nur Teil einer umfassenderen Rechtsordnung, an der es gleichsam parasitiert.

Das staatliche Recht kann sich selbst nicht begründen, denn der Grundsatz „Recht ist nur, was staatliches Gesetz ist", ist selbst kein staatliches Gesetz, und würde es als solches formuliert, fehlte ihm die Rechtsgrundlage.

Der Rechtsstaat ist im Grunde keine Errungenschaft, sondern eine Notlösung. Gäbe es staatliche Gewaltherrschaft nicht, gäbe es auch keine Notwendigkeit, ihr Schranken zu setzen. Denn nichts anderes sind die rechtsstaatliche Grundsätze als Versuche, die staatliche Willkür durch eine vernünftige Ordnung der Dinge zu beschränken.

Es ist ein lächerlicher Aberglaube, die Leistung des Staates bestehe darin, die Egoismen der Einzelnen zu zügeln und ihre widersprechenden Interessen, wenn schon nicht zu versöhnen, so doch in Schach zu halten, sodass Gemeinwohl möglich ist. Im Gegenteil ist es der Staat oder, allgemeiner gesprochen: die auf Zwang gegründete gesellschaftliche Ordnung, die die Einzelnen zum Egoismus erzieht und sie auf Interessen verpflichtet, die einander widersprechen sollen, statt einander zuzuarbeiten.

Der Staat ist eine Organisation der Konkurrenz, des Gegeneinanders, nicht des Miteinanders. Er schafft Konflikte, er löst sie nicht. Was er als „Lösungen" andient, sind immer nur Verlagerungen.

Es ist falsch zu sagen: „Der Staat, das sind wir alle", wenn damit wirklich alle gemeint sein sollen. Der Staat, das sind nur die, die beim Staat mitmachen, und vor allem nur insofern, als sie beim Staat mitmachen. (Was sie nicht davor schützt, nicht nur unterworfen zu werden — eigentlich: sich zu unterwerfen —, sondern auch verschlungen.)

Der Staat, das sind die „Nicht-Anderen", die, denen der Staat einen Status und eine Identität zuweist, um sie funktionieren zu lassen. Manches Rädchen glaubt, weil es so viele andere Rädchen am Laufen hält, sei es besonders wichtig für die Maschine. In Wirklichkeit ist es genauso austauschbar wie im Prinzip alle anderen Teile.

Die Funktion jeder Sicherheitspolitik ist die Erzeugung von Unsicherheit. Die Erzeugung von Unsicherheit dient der Durchsetzung und Absicherung von Herrschaft. Ohne die *objektive Sicherheit* wesentlich erhöhen zu können (da auf jede Reaktion der Macht eine noch unvorhergesehene Reaktion des Widerstandes folgen kann), erhöht Sicherheitspolitik die *subjektive Unsicherheit*. Je größer der Aufwand ist, der getrieben wird, um tatsächliche oder nur behauptete Bedrohungen abzuwenden, desto stärker wird das Gefühl der Bedrohung. Souverän ist, wer über die Warnstufen verfügt.

Politik der negativen Gefühle: Angst, Hass, Neid. Die Politik der positiven Gefühle, die nur umgekehrte Negativitäten sind: Machtrausch aus Ohnmacht, Gemeinschaftsgefühl aus Isoliertheit, Patriotismus aus Minderwertigkeitsgefühl usw. Politik wird nie mit Gefühlen wie Selbstlosigkeit, Demut, stille Genugtuung, Freude an der Sache usw. gemacht.

Je „autoritärer" (oder auch „totalitärer") eine Herrschaft ist, desto mehr erzeugt sie Angst und Misstrauen, Unehrlichkeit und Gier, Skrupellosigkeit und Korruption, Abstumpfung und Widerwillen. Alles das schwächt die der Herrschaft Unterworfenen, aber es schwächt auch die

Herrschaft selbst. Denn jede Herrschaft will zwar auf Schwächung hinaus, braucht aber zugleich die Stärken ihrer Untertanen: Furchtlosigkeit, Vertrauen, Selbstlosigkeit, Einsatzbereitschaft, Sorgfalt, Zustimmung, So gründet Herrschaft auf Stärke und Schwäche zugleich, dieser Widerspruch treibt sie voran, bringt sie aber auch an ihr Ende.

Das Prinzip der Toleranz besagt, dass jede Verhaltensweise und jede Überzeugung zulässig ist, die die Geschäfte nicht stört. Innerhalb dieses Rahmens ist alles erlaubt außer dem, was diesen Rahmen in Frage stellt. Demgegenüber bedeutet Intoleranz, dass auch andere „Werte" als ökonomische eine Rolle spielen. Das muss innerhalb eines auf maximalen Profit (und maximalen Konsum) abgestellten Systems völlig irrational wirken.

Wenn in einer Gesellschaft „Toleranz" ein Leitwert ist, gibt es bald gar nichts mehr, was toleriert werden müsste. Denn echte Toleranz setzte voraus, dass das, was toleriert wird, eigentlich stört, ärgert oder sonstwie ablehnenswert scheint. Wenn „tolerant" zu sein aber bedeutet, alles (im Allgemeinen, also nicht unbedingt für einen selbst, aber jedenfalls bei anderen) gleichermaßen gelten zu lassen, dann wird dabei gar nichts mehr toleriert. Dies könnte man auch das erste Paradoxon der imperativischen Toleranz nennen.

Ein Paradoxon der normativen Toleranz besteht darin, dass die Aufforderung, tolerant zu sein, entweder Toleranz gegenüber Intoleranz impliziert — was ein Selbstwiderspruch wäre. Oder aber sie impliziert Intoleranz gegenüber der Intoleranz — was erst recht selbstwidersprüchlich wäre.

Die verordnete Toleranz will eigentlich auf allgemeine Gleichgültigkeit hinaus. Es geht dich nichts an, was andere tun, solange sie nicht die Geschäfte beeinträchtigen oder den pluralistisch-konsumistischen Konsens in Frage stellen. Demgegenüber macht echte Toleranz eine Ausnahme von einer Regel. „Eigentlich wäre hier einzuschreiten, aber ausnahmsweise wird das Einschreiten unterlassen." Toleranz heißt Duldung, Hinnahme, Ertragen. Und gerade nicht implizite Billigung.

Es hat nicht immer Staaten gegeben — also von Herrschaft geprägte Gemeinwesen —, und es muss nicht für immer Staaten geben.

Utopisch zu denken heißt nicht, ein bestimmtes Modell der gesellschaftlichen Verhältnisse durchsetzen zu wollen, sondern die bestehenden Verhältnisse anhand eines solchen Modells zu kritisieren, um dadurch zu zeigen, dass die Verhältnisse auch anders, nämlich besser sein könnten (bei der Dystopie: schlechter). Dabei geht es nicht bloß um irgendwelche Veränderungen, denn die treten ohnehin ein, auch nicht um einzelne Verbesserungen, sondern um die Grundfragen des Miteinanders, darum, wie Menschen zusammenleben wollen, sollen und können.

Die anti-utopische Sichtweise wäre, dass die gesellschaftlichen Verhältnisse gar nicht anders sein können, als sie eben sind, und das kommen wird, was kommen muss, weil Geschichte nun einmal bestimmten Gesetzmäßigkeiten unterliegt. „Keine andere Welt ist möglich", ließe sich als anti-utopische Devise ausgeben.

Es ist die Realität selbst, die „utopisch" ist, weil jeder beliebige Zustand der Welt, jede Lage der Dinge davon kündet, dass es sich auch anders verhalten könnte. Jede (gesellschaftliche) Realität ließe sich als Dystopie beschreiben, was zumindest implizit auf „eutopische" Verhältnisse verweist.

Die Freiheit des einen beginnt dort, wo sie von der Freiheit des anderen ermöglicht wird.

Wirklich frei ist jeder erst, wenn es alle sind.

Das Palaver ist die Urform des Politischen: Jeder sagt, was er für erwähnenswert hält, bis alle gemeinsam eine Entscheidung treffen. Vielleicht ist das Politische im engeren Sinne die Beschränkung der sonst unbegrenzten Rede auf Formen, die zeitlich kürzer und auf rasche Entscheidung gerichtet sind.

Der Sozialismus ist kein Ziel, sondern eine Voraussetzung. Solange diese Voraussetzung aber nicht besteht, muss es ein Ziel sein, sie zu schaffen.

Anarchie wäre die vollkommen gelungene Gestaltung des Zusammenlebens.

XXXVII

Die Regierenden sagen den Regierten immer wieder, dass Demokratie eine gute Sache sei. Ist daran nichts verdächtig?

Die Demokratie ist eine Einrichtung zur Verhinderung der Mitwirkung der Bevölkerung an der Entscheidung über ihre Angelegenheiten.

Demokratie dient als Mittel zur Verhinderung von Demokratie. Das „Volk" (oder zumindest dessen Mehrheit) wird gegen die Interessen der Bevölkerungsteile, der Gesellschaftsschichten und erst recht der Einzelnen in Anschlag gebracht.

Was man von der angeblichen Demokratie zu halten hat, zeigt sich daran, dass die Bürger zwar als mündig genug gelten, diese oder jene Partei zu wählen, aber meist nicht als mündig genug, zu entscheiden, ob und wie viel Steuern sie zahlen wollen, wie die Steuergelder verwendet werden usw.

Die Demokratie ist eine Konzession, die das herrschende System macht, um die Beherrschten von sich abzulenken.

Demokratie gilt als die Regierungsform, bei der die Regierten dem Regiertwerden zustimmen. Das deutet man gemeinhin so, dass die Regierenden von der Zustimmung der Regierten abhängig sind, aber selbstverständlich ist es in Wahrheit umgekehrt so, dass die, die regieren (wollen), die Regierten zur Zustimmung bringen. Wobei die Kräfte, die wirklich regieren, ja nicht die sind, die als „Regierung" auftreten. Grundlage des Zustimmungsregimes ist der Glaube an die Demokratie selbst. Sie soll als alternativlos erscheinen, weil ihre Alternative die Diktatur sei. In rituellen Akten („Wahlen", „Abstimmungen") muss das Volk der Gläubigen seinen Glauben bekunden. Die Regierten *müssen* dem Regiertwerden zustimmen …

Eine falsche Entscheidung wird nicht dadurch richtig, dass sie „demokratisch legitimiert" ist. Eher andersherum: Ihre Fehleranfälligkeit delegitimiert die Demokratie.

Die Mehrheit ist gegenüber der Minderheit immer im Unrecht. Deren bloße Existenz ist unter den herrschenden Bedingungen ein Aufweis der Falschheit der gesellschaftlichen Mehrheit.

Wenn nach dem üblichen Verständnis von Demokratie „die Mehrheit entscheidet", was ist das anderes als eine Anerkennung des Rechts des Stärkeren? Sachliche Gründe, warum die größere Zahl von Leute über die kleinere bestimmen soll und damit für alle, gibt es nicht. Also geht es nur um ein bis zur Abstraktion formalisiertes Prinzip: Wir sind mehr, also können wir euch zur Not verprügeln.

Absurderweise hält man es für weniger wichtig, was die Leute wählen, als dass sie überhaupt wählen können.

Dass man es lieber sieht, dass die Leute ungültig wählen als dass sie überhaupt nicht wählen; dass die Nichtwähler auch nicht repräsentiert werden (etwa durch leere Parlamentssitze) — als das zeigt, dass es vor allem um Zustimmung zum System als solchem geht.

Die ganze Wählerei ist lächerlich. Zum einen, weil es nichts zu wählen gibt: Wenn Wahlen etwas ändern könnten … Zum anderen, weil die überwältigende Mehrheit der Wähler so dumm ist, wie die Politiker sie behandeln: Sie wissen gar nicht richtig, was sie wählen, können das Wahlsystem nicht durchschauen, Kandidaten, Parteien, Programme nicht unterscheiden usw. Warum wird also überhaupt gewählt? Weil die Demokratie als Mittel dient, gesellschaftliche Dynamiken zu neutralisieren; Konfliktpotenziale werden nicht vermindert, sondern ihre Realisierung wird verhindert, indem man eine Homogenität der Wählermasse suggeriert: Der Milliardär und der Sozialhilfeempfänger haben beide je eine Stimme, ist das nicht großartig ...

Volkssouveränität bedeutet Entmündigung des einzelnen Subjekts. Das Parlament vertritt den einzelnen Bürger nicht bloß, es tritt an seine Stelle, ersetzt ihn, löscht ihn (als aktives politisches Subjekt) aus. Die repräsentative Demokratie ist die institutionalisierte Selbstentmündigung der Bürgerinnen und Bürger.

Die repräsentative Demokratie ist nicht anderes als ein Mittel zur Verhinderung echter politischer Partizipation. Die politischen Parteien sind Zusammenschlüsse einer „negativen Selektion", durch die sicher gestellt wird, dass nur diejenigen sich politisch betätigen, die unfähig, habgierig, machthörig sind, und dass alle anderen aus den Institutionen ausgeschlossen bleiben.

Wenn, wie ich zu sagen pflege, die Funktion der Politik die Inschachhaltung des Pöbels ist, geht die Demokratie ein kalkuliertes Risiko ein. Die periodisch stattfindenden Wahlen und Abstimmungen sind sozusagen die Saturnalien des Politischen. Karnevaleske Ausnahmen vom Alltag, punktuelle Gelegenheiten, bei denen der Dämon freigelassen wird, freilich gezügelt durch institutionelle Rahmung. Darum gilt es auch als Zeichen der Instabilität, wenn „zu oft" gewählt werden muss. (Als ob es „zu viel" Demokratie geben könnte aus der Sich ihrer Befürworter.)

Wenn bei Wahlen und Abstimmungen die Stimme des Klugen so viel „zählt" wie die Stimme des Dummen, kann nichts Gutes dabei herauskommen. Anders gesagt, wenn zwischen Vernunft und Verhetzung nicht unterschieden werden kann, ist die Institution darauf angelegt, Unvernunft zu begünstigen. Wo jeder mitentscheidet und nur die Menge den Ausschlag gibt, werden tendenziell die Entscheidungen von den Unmündigen zu Gunsten derer getroffen, von denen sie manipuliert wurden.

Volksvertretung? Was aber, wenn „das Volk" (als Masse) minderwertig ist?

Was ist das nur für ein merkwürdiges Demokratiekonstrukt: Obwohl es Parlament aus mehreren Abgeordneten besteht, hat jeder Wählende nur eine Stimme. Dabei wäre der Unterschied von Mehrheits- und Verhältniswahlrecht leicht zum Verschwinden zu bringen, wenn jeder Abgeordnete im Parlament so viele Stimmen abgeben könnte, wie für ihn abgegeben wurden. Oder man müsste jeden Wählenden so viele Stimmen abgeben lassen, wie Abgeordnete zu wählen sind.

Je stabiler die Mehrheiten im repräsentativdemokratischen Parlamentarismus sind, desto unbedeutender sind die einzelnen Parlamentarier und das Parlament insgesamt. Ist erst einmal eine Mehrheit hergestellt, sind die Mandatsverhältnisse nur noch Rechengrößen im Kalkül der Parteileitungen und der Regierung. Die durch Parteienkonkurrenz mediatisierte Repräsentativdemokratie ist ein politisches System, das nicht nur entmündigte Bürger erzeugt, sondern auch entmachtete Repräsentanten. (Im Extremfall können Parteiführungen. die selbst gar nicht dem Parlament angehören und also auch nicht demokratisch legitimiert sind. mittels der Mehrheitsverhältnisse trotzdem frei schalten und walten.)

Die *Delegation des Politischen* ist als Grundzug der repräsentativen Demokratie zugleich deren Grundübel. Dasselbe Politische, das einerseits als Sache aller definiert wird (denn alle sollen wählen), hat andererseits die Sache bloß weniger zu sein (denn nur wenige sitzen im Parlament). Dieser Widerspruch wird durch Delegation scheinbar gelöst: Alle entscheiden, dass nur wenige entscheiden. Weil diese Delegation aber nicht von Fall zu Fall vorgenommen wird, sondern institutionell festgeschrieben ist, kommt sie einer Entmündigung gleich. Alle *müssen* entscheiden, dass *an ihrer Stelle* nur wenige entscheiden.

Wenn man sieht, welche Parlamente die Leute zusammenwählen, ist unverständlich, welchen Vorzug eine plebiszitäre Demokratie haben soll. Es stimmt schon, dass in diesem oder jenem Fall die Berufspolitiker anders entscheiden, als die Mehrheit der Bevölkerung entschieden hätte. (eine überschaubare Zahl ist leichter zu korrumpieren als alle.) Aber eine Mehrheit der Bevölkerung hat doch auch jene Berufspolitiker eingesetzt und bevollmächtigt. Plebiszitäre Demokratie führt also keineswegs zu besserer Politik, aber sehr wahrscheinlich zu stärkerer Manipulation. — Der „Weisheit des Volkes" ist in keinem Fall zu trauen.

Bezeichnend genug, dass auch im parlamentarischen System Gesetzesentwürfe regelmäßig nicht von Parlamentariern, sondern von Bürokraten ausgearbeitet werden und von jenen (die freilich selbst zumeist Juristen und sogar Beamte sind) nur „verhandelt". Das Parlament ist also weniger Ort der Willensbildung als der Absegnung.

Zu den Absurditäten der Repräsentativdemokratie gehört es, dass die politischen Parteien üblicherweise nicht „Partei" sind, das heißt, sie sind beispielsweise weder Unternehmen noch Gewerkschaften, weder religiöse Vereinigungen noch wissenschaftliche Einrichtungen usw. usf. Sie sollen also Interessen vermitteln, die sie nicht verkörpern, sie sollen etwas repräsentieren, was sie nicht sind. Die Interessen, die sie vertreten, sind nicht ihre eigenen — und insofern sie ihre eigenen Interessen vertreten, sind das nicht notwendig die der politisch „Repräsentierten".

Zur Absurdität des politischen Repräsentativismus: Angenommen, jemand will sein Testament aufsetzen lassen und müsste dazu eine Notar beauftragen. Den kann er frei wählen, ist aber der Notar gewählt, so kann dieser, in den Grenzen des Rechts, für vier Jahre das Testament gültig lauten lassen, wie er will. Nach vier Jahren kann der Testierende, wenn er dann noch lebt, zwar einen anderen Notar beauftragen, der, wenn er will, das Testament umschreibt, aber der Testierende hat darauf die nächsten vier Jahre ebenso wenig Einfluss wie die vier Jahre zuvor. Was im Falle eines Testamentes absurd erscheint, ist in der repräsentativen Demokratie übliche Praxis.

XXXVIII

Der Kompromiss, nicht die Mehrheitsentscheidung ist das Wesentliche der Demokratie. Die Mehrheitsentscheidung ist purer Formalismus, ist das am wenigsten Demokratische an einer Demokratie. Demokratie ist institutionalisierte Kompromissfindung. Wo sich eine Parteiung durchsetzt mit der Begründung „Wir haben die Mehrheit", ruiniert das die Demokratie.

Bezeichnenderweise kann die repräsentative Demokratie zwar Elemente direkter Demokratie integrieren (ja, sie muss es sogar, ist doch schon die Wahl, die die Repräsentativität legitimiert, ein nichtrepräsentativer Akt), aber niemals ihren umfassenden Anspruch aufgeben. Für die repräsentative Demokratie sind die direktdemokratischen Elemente bloß etwa, was ihr (wie eben eine Wahl) zuarbeitet, nichts, was gleichberechtigt neben sie tritt. — Darum kann man nicht im Ernst sagen: „Gut, sollen sich Herr X und Frau Y von einem Parlament vertreten lassen (bzw. von Abgeordneten in einem Parlament), ich aber möchte meine Angelegenheiten selbst vertreten."

Der Begriff der Demokratie ist davon abhängig, dass er unter kapitalistischen Bedingungen gebildet werden muss.

Der Ausdruck „kapitalistische Demokratie" ist auf den ersten Blick nicht weniger unsinnnig als „sozialistische Diktatur". Denn wenn Demokratie Gleichheit zur Voraussetzung hat, sind die extremen Vermögensunterschiede, die der Kapitalismus notwendig voraussetzt und produziert, undemokratisch. Doch so wie „sozialistisch" so gedeutet werden kann, dass keine Privatpersonen die Produktionsmittel besitzen, sondern die Partei darüber verfügt, die die ganze Gesellschaft und den Staat beherrscht, so kann „kapitalistisch" einfach auf das Marktförmige, Profitorientierte (Was bringt am meisten Zustimmung?), Konkurrente (Wir gegen die) und die Bereicherung weniger (Wie bekomme ich mehr Zustimmung als andere?) an einer Demokratie verweisen.

Die indirekte Demokratie ist das bevorzugte Regierungssystem des Kapitalismus. Nicht nur wegen des formalen Ähnlichkeiten (Auswahl unter Waren, Auswahl unter Parteien/Kandidaten; Profitmaximierung, Stimmenmehrheiten), sondern auch, weil darin die gesellschaftlichen Dynamiken am besten austariert werden, ohne die Geschäfte zu stören.

Die Leute sind nicht für die Demokratie, weil sie sich durch theoretische oder praktische Erwägungen davon überzeugt hätten, welche Vorzüge diese Regierungsform habe, sondern sie sind für Demokratie, weil man ihnen beigebracht hat, dass sie dafür zu sein haben. Sie sind dafür, weil man eben dafür ist.

Den Leuten schmeichelt die Demokratie. Sie, die sich nie ernsthaft und gründlich mit politischen Problemen beschäftigt haben und denen jeder Sachverstand fehlt, wollen um ihre Meinung gefragt werden und fühlen sich aufgewertet, weil sie etwas „entscheiden" sollen. Man hat ihnen eingeredet, ihre Stimme zähle, und das befriedigt sie ungemein.

Demokratie: Die Leute wählen nicht, was sie in Frage stellt, sondern was sie bestätigt. (Darum werden Reformer und „Lichtgestalten" erst gewählt, wenn der Wille zur Änderung allgemein ist.)

Demokratie hat in der Moderne die Funktion einer Religion angenommen. Du bist kein Demokrat? Hinweg mit dir,

176

Häretiker! Wie einst das Christentum, sollen heute Demokratie, Menschenrechte, freier Markt usw. bis an die Enden der Erde gebracht werden. Demokratie schließt den Horizont des Denkbaren ab. Man kann gar nicht dagegen sein, man wäre denn des Teufels.

Man pflegt aus ideologischen Gründen die Demokratie zu überschätzen. Sie garantiert nicht die bestmögliche Regierung, sondern bloß diejenige mit der größten Zustimmung. Das Schlimmste an der Demokratie ist, das man sich immer sagen muss: Die Leute haben es so gewollt.

Die Demokratie dient keineswegs dazu, Freiheit, Gleichheit, Brüderlichkeit herbeizuführen, sondern dazu, sie zu verhindern. Nicht auf die offensichtliche, ungeschicktem brutale Weise einer Diktatur, sondern in mehr oder minder subtil-dialektischer Form. Man gewährt kleine Freiheiten, um größere zu verhindern, schafft formale Gleichheit, um substanzielle auszuschließen, und suggeriert Gemeinsamkeiten, um Konflikte zu verschleiern. Die demokratische Gesellschaft ist gewiss freier, gleicher, brüderlicher als die autoritäre oder totalitäre Diktatur (und einer solchen darum vorzuziehen), aber ebenso gewiss zu wenig frei, gleich und brüderlich (und darum entschieden zu kritisieren) gemessen an der Anarchie.

Wenn Demokratie „Volksherrschaft" bedeutet, muss sie, wie jede Herrschaft von Menschen über Menschen, verworfen werden.

Was gegen die Demokratie spricht, ist deren vom Wesentlichen ablenkende Funktion. Mit der Installierung der Demokratie ist noch gar nichts erreicht, wenn die Gründe dafür und die angestrebten Ziele nicht über historische Kontingenz hinaus auf echten ethischen Gestaltungswillen verweist.

Was für die Demokratie spricht — dass der Einzelne über seine Angelegenheiten entscheiden darf —, spräche auch für jede andere Regierungsform, wenn diese im Sinne der Rechte der Einzelnen gehandhabt würde.

Was für ein Paradox: Demokratien beruhen auf der Zustimmung der Regierten zum Regiertwerden, gleichwohl kümmern sie sich in gewisser Hinsicht weit weniger um die Meinung ihrer Bürger als die Nicht-Demokratien, die modernen Diktaturen, die jede Unmutsäußerung ihrer Untertanen ernst nehmen und darin eine Auflehnung gegen das Herrschende erblicken. — Vielleicht löst sich das Paradoxon dahingehend auf, dass Demokratien Zustimmung voraussetzten, während Diktaturen Nichtzustimmung voraussetzen.

Die „illiberalen Demokratien" sind, wie ihre Bezeichnung klarstellt, wesentlich Negationen der liberalen Demokratien. Sozusagen deren nach vorn gedrehte Kehrseite.

Illiberale Demokratie ist Kaperung der Staatsmacht durch den Populismus.

Die Forderung nach Demokratie (oder mehr Demokratie) ist sinnvoll, wenn es keine (oder zu wenig) gibt. Ebenso verhält es sich mit der Pressefreiheit usw. Dort aber, wo Demokratie und „Rechte" (Menschenrechte, Bürgerrechte) Herrschaftsmittel sind, ist es abwegig, sie zu fordern.

Das Modell der „Konkurrenzdemokratie" ist insofern unehrlich, als die konkurrierenden Parteien alles andere als homogen sind, sondern auf Kooperationen und Kompromissen beruhen, die somit die Voraussetzung formaler Konkurrenz sind.

Die Konsens- und Kooperationsdemokratie ist die kompliziertere und schwierigere Demokratie. Aber sie ist unvermeidbar, da sie in Wahrheit auch von der Konkurrenzdemokratie impliziert wird. Es muss ja zumindest einen vorausliegenden Grundkonsens geben, damit überhaupt Zusammenarbeit möglich ist. Bei reinem Gegeneinander würde eine Demokratie nicht einmal von Formalien zusammengehalten werden können.

Ein Gemeinwesen, in dem alle Entscheidungen von denen, die von ihnen betroffen sind, gemeinsam und einstimmig oder zumindest einmütig gefasst werden, ist gewiss langwierig und anstrengend, aber auch die einzige Möglichkeit, Freiheit und Gleichheit zu gewährleisten.

Ich bin nicht deshalb Kritiker und sogar Gegner der real existierenden Demokratie, weil ich weniger will, sondern weil ich mehr will. Was an der idealen Demokratie gut ist, ist die Idee des Selbstbestimmens über die eigenen Angelegenheiten und der freien Gestaltung des Zusammenlebens. Zu Ende gedacht kann das aber nicht bei der Herrschaft von Mehrheiten stehen bleiben, sondern führt notwendig zur Anarchie.

XXXIX

Grundlage allen Wirtschaftens ist das Gemeinsame, besonders das gemeinsame Tun und die wechselseitige Gabe. Die verschiedenen Wirtschaftsformen bauen darauf auf und bauen sich darin ein. So ist der Waren- und Geldverkehr nichts als die wechselseitige Gabe, nur umgestaltet durch das durchgehende Verrechnen. Von: „Wir geben einander alles, was jeder braucht", über: „Gib du mir, dann gebe ich dir", hin zu: „Ich habe soundsoviel zu geben, wer gibt mir dafür soundsoviel?"

Keine gesellschaftliche Entwicklung, kein historisches Ereignis lässt sich mit den zu Grunde liegenden wirtschaftlichen Gegebenheiten und Veränderungen hinreichend erklären. Ohne dass ihre wirtschaftliche Lage in das Denken und Fühlen der Leute käme (wie deutlich oder undeutlich, wie realistisch oder illusionär auch immer), kommt es zu keinem Handeln. Dies zugegeben, muss man eingestehen, dass nicht die wirtschaftlichen Verhältnisse, sondern das Verhältnis der Leute zu diesen Verhältnissen etwas Entscheidende ist, wodurch das Verhalten bestimmt wird.

Gewiss, die Befriedigung gewisser körperlicher Bedürfnisse ist unabdingbar. Die Menschen müssen am Leben sein, damit es gesellschaftliche Verhältnisse gibt. Dennoch ist das Wirtschaften, wenn es denn dabei um besagte Befriedigung geht, keineswegs die Grundlage des Zusammenlebens. Vielmehr sind die Weisen des Wirtschaftens den Weisen des Zusammenlebens untergeordnet und somit das Soziale und Politische die Voraussetzung des Ökonomischen.

Die Konkurrenzwirtschaft (der kollektive mutuelle Egoismus) ist ein instabiles System. Ohne die darin entgegen seinem eigentlichen Prinzip eingebauten altruistischen, karitativen, familiären usw. Institutionen und Momente wäre das System gar nicht funktionsfähig. Die Konkurrenz aller gegen alle wäre ein totaler Krieg von absoluter Destruktivität.

Ein System, in dem jeder für sich selbst sorgt, ist notwendigerweise weniger effizient als eines, in dem (im Prinzip) jeder für jeden sorgt (was Arbeitsteilung ja nicht ausschließt). Wenn nämlich im erstgenannten System, dem des kollektiven Egoismus, ein Einzelner nicht mehr für sich sorgen kann, gibt es niemanden mehr, der sich um ihn kümmert. Im System der sozialen Kooperation hingegen werden Kranke, Schwache, Alte und Unmündige mitversorgt.

Die Weltwirtschaftsordnung ist der Weltbürgerkrieg.

Der „Markt" der sogenannten Marktwirtschaft ist gar kein Markt. Es geht nicht um ein Wechselspiel von Angebot und Nachfrage, das Preise festsetzt und daraufhin Waren verteilt, sondern darum, dass die Anbieter die Nachfrager manipulieren und kontrollieren. Die Beeinflussung der Nachfrage durch das Angebot ist das Entscheidende, während die Beeinflussung des Angebots durch die Nachfrage nur Anlass zur Steuerung ist.

Die kapitalistische Verdrehung: Statt dass das Wirtschaften den Menschen dient, dienen die Menschen dem Wirtschaften. In dieser Verdrehung wird das Mittel zum Zweck und alle Zwecke zu bloßen Mitteln.

Jede Kritik des Kapitalismus im Namen irgendwelcher „revolutionärer Massen" ist absurd. Massen sind niemals revolutionär, und wenn sie so scheinen, dann bloß, weil sie agitiert sind. Ihre Wesen nach sind Massen reaktionär.

Das „Kapital" ist das Phantasma der Massen. Es existiert nicht anders als als deren Entkörperung. Die Massen sind das „Kapital" selbst. Der Kapitalismus beruht auf ihnen. Von ihnen stammt die Macht, die die, die man die Eigentümer des „Kapitals" nennt, für ihre Herrschaft brauchen.

Das „Kapital" ist keine Substanz, kein Etwas, kein Ding, sondern eine Funktion. Alles kann Kapital sein, wenn es dazu gemacht, wenn es als solches verrechnet wird.

Das „Kapital" ist das, was niemand hat und jeder will, das, was man um es zu haben, anderen wegnehmen (oder vorenthalten) muss. Es ist zum Ding stilisierte Prinzip der Konkurrenz.

Das „Kapital" ist das, wovon die anderen glauben, dass man es hat und dass sie es gern hätten.

Das „Kapital" ist die imaginäre Verkörperung des Begehrens. Der Wert des Begehrten, wenn man so will.

Es gibt gar kein „Kapital" (als Entität), nur den Kapiatlismus (die kapitalistischen Verhältnisse), die es behaupten.

Der Kapitalismus ist insofern „religiös", als man an das „Kapital" glauben muss, damit es funktioniert. Ohne Kreditwirtschaft keine Profitwirtschaft.

Der Komplex aus kapitalistischem und nichtkapitalistischem Wirtschaften *ist* der Kapitalismus. Der Kapitalismus parasitiert daran, dass *in* ihm und um ihn herum nichtkapitalistische Verhältnisse existieren. Ein geschlossener, vollständiger Kapitalismus bräche zusammen.

Den Kapitalismus als *moralisches* Phänomen begreifen: Es geht nicht darum, ob das System funktioniert, sondern darum, ob es funktionieren soll.

Nicht das Eigentum überhaupt abschaffen, sondern das Raubeigentum (Privateigentum)! In einer freien Gesellschaft gäbe es als persönliches Eigentum nur das, was man selbst hervorgebracht oder von anderen geschenkt bekommen hat. Und es gäbe das gemeinsame Eigentum aller. (Das von Einzelnen oder Gruppen stellvertretend verwaltet wird.)

Man muss den Reichtum in dem Sinne abschaffen, dass niemand mehr deswegen reich ist, weil andere arm sind; nicht notwendig in dem Sinne, dass alle arm sind.

Allgemeines Wohlergehen ist möglich und ein vernünftiges Ziel politischen Handelns. Das muss freilich nicht daran hindern, eine private Ethik der „materiellen" Bedürfnislosigkeit zu kultivieren.

XL

Es ist zu unterscheiden zwischen der Technik als Verfahren und der Technik als Gerät, also Handlungstechnik und Dingtechnik, Operativtechnik und Realtechnik.

Der Mensch macht Werkzeuge, aber Werkzeuge machen nicht den Menschen. Man kann einem Affen einen Schraubenzieher oder einen Computer geben, er wird damit weder zum Mechaniker noch zum Softwareprogrammierer werden. Gewiss wird sich durch ausprobieren und Lernen der Umfang seiner Fähigkeiten erweitern (er kratzt sich mit dem Schraubenzieher am Rücken usw.), aber es sind eben seine Neugier und seine Lernfähigkeit, die seinen Werkzeuggebrauch bestimmen, nicht aber bestimmt dieser jene.

Das Werkzeug als Ding bezeichnet eine Grenze des Möglichen (ohne ein bestimmtes Werkzeug kann ich etwas Bestimmtes nicht tun), aber die Möglichkeiten selbst werden von dem Werkzeug nicht geschaffen (auch mit einem geeigneten Werkzeug kann ich etwas Bestimmtes, auf das ich mich nicht verstehe, nicht tun).

Man könnte sagen: Naturwissenschaft führt zu Technik, Technik führt zu Wirtschaft, Wirtschaft aber, wenigstens in ihrer herrschenden Form, ist Ausbeutung und Verdummung. Man könnte aber auch sagen: Die herrschende Wirtschaft bringt Technik hervor, Technik bringt Naturwissenschaft hervor.

Es ist bezeichnend, dass der Krieg, der für alle schöngeistigen Beschäftigungen einschließlich der Geisteswissenschaften ungünstig ist, die Entwicklung der technischen „Wissenschaften" anregt und fördert.

Technik kann keine Probleme lösen. Sie stellt nur die Mittel zu Problemlösungen bereit, die von Menschen angestrebt und vollzogen werden müssten. Wer nicht willens ist, ein Problem zu lösen, kann es auch mittels der besten Technik nicht.

Technische Lösungen sind solche, die Menschen mittels Technik vollziehen. Ein „rein technisches Problem" ist eines, dass sich Menschen stellt.

Der Umgang mit Technik ist ein moralisches Problem, kein technisches.

Probleme, die durch den Einsatz von Technik entstehen, können nicht durch noch mehr Technik beseitigt werden. Mag sein, dass eine Technik die Probleme mit einer anderen beseitigt. Wahrscheinlicher ist, dass sie sie nur verschiebt und neue erzeugt.

Das eigentliche Problem der Technik ist der Mensch.

Was nottäte, ist nicht mehr „Technik", also Verfügen über Dinge, das die Dinge doch nur immer mehr entgleiten lässt; sondern was nottäte, wäre besseres Verhalten der Menschen zueinander, fürsorglicher, rücksichtsvoller, ehrlicher, ungezwungener. Die Moderne hält mit dem Trick dagegen, die Leute nach dem süchtig zu machen, was sie nicht brauchen.

Die „Selbständigkeit" des Automaten ist eine von Menschen gemachte. Die automatischen Reaktionen simulieren ein Verhalten, sie sind keines. Sie sind bloß komplexe Vorgänge. Umgekehrt ist menschliches Verhalten kein bloßer Vorgang, der nach natürlichen Gesetzmäßigkeiten abliefe, also determiniert wäre. Es so zu konzipieren, ist ideologisch: Man muss die menschliche Willensfreiheit leugnen, um Maschinen als menschenähnlich behaupten zu können. Um die Maschine als menschenähnlich verkennen zu können, muss man erst den Menschen als maschinenähnlich missverstehen.

Die Entmündigung durch die Maschine ist eine Entmündigung durch den Ungeist, den Menschen der Maschine eingeschrieben haben.

Der spätmodernen Technik wird durch die *Automatisierung* (nicht zuletzt die Kybernetisierung) immer mehr zu einer quasi-autonomen, entpersönlichten operativen Realtechnik. Der Handelnde wird zum bloßen Anwender, zum Konsumentern innerhalb vorgesehener und vorgegebener Handlungsmuster. Die Geräte sind nicht nur in sich komplex bis zur Undurchschaubarkeit (für den Benutzer), sie gehören auch zu einem Komplex, der nicht als Dingzusammenhang, nicht als Tätigkeitsbereich, sondern als realtechnisch organisierte Lebensweise zu charakterisieren ist.

Dass gesteuert wird, heißt ja nicht, das jemand steuert. So wie die kybernetischen Dispositive darauf abzielen, den Menschen zum Ding zu machen, insofern er Objekt der Prozesse ist, so geht es ihnen ebenso darum, den Menschen als „Souverän" (als „Herrn des Verfahrens") auszuschalten.

Die Automatisierung soll auch das menschliche Subjekt umfassen, der Mensch soll, individuell und kollektiv, von sich aus so handeln, wie es ihm vorgeschrieben (einprogrammiert) ist.

Über eine gedachte Norm kann der Mensch sich hinwegsetzen, gegen eine verkörperte nicht. Nicht ohne Schaden zu nehmen.

Autonomie wird immer mehr zur Eigenschaft der Automaten, wodurch auch die menschliche Autonomie automatisiert wird.

Automatisierung bedeutet nicht nur, Dinge ohne (unmittelbares) menschliches Zutun tätig sein zu lassen, sondern vor allem auch, den Menschen in diese Tätigkeit fest einzubauen; als Zuschauer, Nutzer, Bediener, Sklaven.

Die Maschine versklavt den Menschen, wenn dieser sich nicht mehr frei entscheiden kann, sie zu nutzen, sondern, um überhaupt als soziales Wesen existieren zu können, sich ihrer bedienen und damit sie bedienen muss.

Es ist oft und gern von den „Ängsten" die Rede, die gegenüber technischen Entwicklungen bestünden. Warum aber spricht man nicht auch von den irrationalen Erwartungen? Angesichts der gegenwärtigen gesellschaftlichen Verhältnisse ist es wohl sogar vernünftiger, Technik mit Misstrauen, Befürchtungen und Ablehnung zu begegnen als mit erwartungsvollem Optimismus.

XLI

Jede Ästhetik ist politisch. Die „unpolitische" weiß es nur nicht.

Schönheit ist Abweichung. Das Hässliche ist die Regel. Das Gewöhnliche ist hässlich.

Kultur ist Mischung. Kultur ist Verbindung. Etwas zu kultivieren heißt, es mit etwas anderem zusammenzubringen.

Kultur ist keineswegs bloß ein System von Zeichen („etwas für etwas"). Zeichen sind Elemente der Kultur, aber Kultur ist mehr, sie ist das Schaffen von Bedeutungen (*significatio*).

Kultur ist ein Ensemble von Praktiken: etwas auf bestimmte Weise zu tun und schon früher auf bestimmte getan zu haben. Kultur ist das Ausprägen und Entwickeln von Praktiken und der Umgang mit deren Resultaten.

„Kultur" im Sinne einer Entität gibt es nicht. Kultur ist der Name, den man einer komplexen Situation gibt. Als etwas, das stattfindet (oder stattfand), das praktiziert werden muss, um zu existieren, ist Kultur notwendigerweise inhomogen, inkohärent, widersprüchlich und keineswegs festumrissen und statisch.

Der Begriff der Kultur, der sich von Geschichte und Archäologie herleitet, geht von Artefakten und Mythen aus und rekonstruiert von daher zugehörige Praktiken. Das setzt Vergangenheit voraus: nur vergangene, untergegangene „Kulturen" haben den Anschein der Abgegrenztheit und Geschlossenheit. Aber ihre Statik ist ein Effekt ihrer Rekonstruktion. Ihre lebendige Wirklichkeit war mit Sicherheit weniger einheitlich und eindeutig. Ebenso erscheint dem ethnologischen Blick die „fremde Kultur" immer nur von einem postulierten Eigenen aus als in sich abgeschlossen, und das Bedürfnis nach Erkennbarkeit, Beschreibbarkeit und Deutbarkeit ignorierte Widersprüche, Dynamiken, Untypisches.

Die Funktion des Barbarischen ist es, das zu verkörpern, was die Kultur nicht ist, also das, was sie *nicht mehr* ist, weil sie es hinter sich gebracht hat, und nicht zuletzt das, was sie sich entgegensetzt. Das Barbarische ist das Unzivilisierte, dass Vorzivilisatorische und erst noch zu Zivilisierend, sozusagen das Rohmaterial der Zivilisation. Doch stellt seine Fortexistenz außerhalb und jenseits der Zivilisation auch eine ständige Herausforderung und Gefährdung dar. Ganz allgemein, weil das noch immer Schlechte das längst schon Gute bedroht, aber auch besonders deswegen, weil unter bestimmten Bedingungen ein „Rückfall" in die Barbarei drohen könnte. Anscheinend ist das Barbarische unweigerlich mit dem Zivilisierten verbunden und stellt stets eine seltsame Verlockung dar.

Ohne das Barbarische ist die Kultur nicht, was sie ist, weil sie nichts hätte, wovon sie sich unterscheiden könnte. Das Barbarische ist so gesehen sowohl natürlicher als die Kultur als auch Entartung und Widernatur. Das Barbarische ist zugleich älter als das Zivilisierte, weil dieses ja aus jenem hervorging, als auch jünger, weil unverdorbener, ursprünglicher, frischer.

Kunst stammt aus dem Kultischen — und dem Spiel —, und gute Kunst strebt immer dorthin zurück. Schon deshalb weil das Gute, das Wahre und das Schöne letztlich eins sind mit dem Heiligen.

Nichts ist langweiliger, als darüber zu disputieren, was Kunst ist. Der Verlauf der Kunstgeschichte hat gezeigt, dass man alles als „Kunst" bezeichnen, erklären. verstehen, darbieten und verkaufen kann, wenn man nur will — und wenn man jemanden findet, der sich darauf einlässt. Es kommt aber nicht darauf an, was Kunst ist, sondern was man will, das Kunst sein soll.

Der Philosoph hat nicht die Aufgabe (oder auch nur das Vermögen), Werke der bildenden Kunst, der Literatur, der Musik usw. in seine Redeweise zu „übertragen". Umgekehrt übersetzen die Künste nicht philosophische Begriffe in sinnliche Formen. Wenn ein Philosoph sich mit Werken der Künste befasst, dann bewegt er sie um sich herum, er „durchdringt" sie meinetwegen (freilich nur in seiner Einbildung), aber er übersetzt sie nicht, schon gar nicht ersetzt er sie durch Philosophie.

Dieses Kunstwerk ist nicht jedes Kunstwerk, ist nicht das Kunstwerk überhaupt. Dieses Kunstwerk ist partikulär und zwar notwendigerweise. Die notwendige Partikularität dieses Kunstwerkes ist gleichsam die Schwelle, über die hinweg der Zugriff aufs oder Ausgriff ins Universelle vollzogen werden soll. Dazu muss die notwendige Partikularität umgestülpt werden in eine (um der Symmetrie willen kontingente) Totalität. Diese Totalität ist freilich hohl, weil sie nur Aufbauschung von Form zu Inhalt ist. Im Kontext der dazu erfundenen Kunstgeschichte — die nicht wirklich Geschichte, sondern normative Rekonstruktion ist — soll das einzelne Kunstwerk einen jeweiligen Stand markieren, nicht für sich selbst stehen also, sondern als zugleich einzigartiger wie unausweichlicher Effekt einer zumindest im Rückbezug verbindlichen Abfolge auftreten.

Das Kunstwerk muss nicht nur als solches (als ein Fall von „Kunst") erkennbar sein — es ist undenkbar, erst nachträglich zu entdecken, dass etwas „Kunst" gewesen wäre (vgl. die Beuyssche Fettecke und die Putzfrau) —, sondern es es muss einem Produzenten und einem Stand der Produktionsverhältnisse zugeordnet werden können. (Dabei kann der Produzent anonym bleiben, sofern er nur trotzdem als Effekt im Kontext einer Geschichte der Namhaften funktioniert.)

Die angebliche Autonomie des Kunstwerkes wird erkauft mit seiner Lebensferne. Es soll jedem Gebrauchswert entzogen erscheinen. Doch ganz abgesehen davon, dass es (in seiner begrifflichen Schwundform) notwendigerweise in der Kunsttheorie vorkommt, ist das Kunstwerk vor allem dadurch in sozioökonomische Praktiken fest eingebunden, dass es gehandelt wird. Der Kunsthandel ist längst primär, die Kunstproduktion nur dessen Effekt.

Das Leben als ein Kunstwerk, gewiss: Aber wessen Leben? Das eigene Leben als Beitrag zur Gestaltung des Lebens anderer als Kunstwerk, so könnte die Formel einer Ästhetik der Existenz lauten, die nicht auf Pseudoindividualisierung hinauslaufen soll.

Philosophie als Kunst: Das Material sind die „Meinungen" der Anderen, die Form deren kritische Reflexion.

Eben darum muss Philosophie, die als Wissenschaft heiter sein darf und nichts allzu ernst nehmen sollte, als Kunst streng, gewissenhaft, sorgfältig sein: Weil es um den Anderen geht, um die Verantwortung für sein gelingendes Leben.

XLII

Das aphoristische Schreiben missachtet fast immer das methodologische Postulat, dass Philosophie ihre Behauptungen begründen und nachvollziehbar machen muss. Aphorismen sind stattdessen oft bloße Feststellungen, denen man, so scheint es, nur zustimmen oder widersprechen kann. Tatsächlich aber bewirken sie, wenn es denn gelingt, etwas anderes: Sie regen zum Nachdenken an, dazu, als Leser selbst Gründe und Gegengründe für Behauptungen zu suchen und zu finden und so ein eigenständiges Urteil zu formulieren.

Ein Aphorismus bezeugt vielleicht ein Denken, aber er begründet keine Philosophie.

Ein Aphorismus steht für das vorübergehende Innehalten auf einem Denkweg, er beschreibt nicht die zurückgelegte Strecke.

Nicht, dass in Aphorismen das Argumentieren geradewegs verboten wäre, aber sie bedürfen im besten Fall seiner so wenig, wie ein Leckerbissen zu seinem Genuss das Zitieren eines Kochbuchs braucht.

Philosophische Aphorismen sind vor allem eines: nicht akademisch. Allein schon um dieses Vorzuges willen verdienen sie es, kultiviert zu werden.

Der Aphorismus ist üblicherweise persönlicher als die Abhandlung und auch angreifbarer. Was ohne die Absicherung durch Herleitung und Ausarbeitung, durch Fußnote und Literaturangabe auskommen muss, ist leicht über den Haufen zu rennen.

Auch der belesenste Leser philosophischer Werke kann nicht alles auf einmal durchdenken. Er stellt jeweils seine Zusammenhänge her. Das kann man ihm als Verfasser solcher Werke erschweren oder erleichtern. Man schickt ihn in den Wald. Oder man zeigt ihm Baum um Baum.

Es gibt Philosophen, die sagen: Sie müssen erst alles von mir (und meinen Vorläufern) gelesen haben, um auch nur einen einzigen Gedanken von mir verstehen zu können. Und es gibt Philosophen, die sagen: Lesen Sie bloß einen einzigen Satz oder Absatz von mir, und schon bewegen Sie sich in meinem Denken.

Aphorismen: Philosophie in geringer Dosierung. Aber deswegen nicht notwendig weniger wirksam.

Auch die umfangreichste philosophische Abhandlung besteht aus lauter einzelnen Gedankengängen und „Einfällen". Umgekehrt werden Aphorismen in ausreichender Zahl auch einen Zusammenhang bilden. Es kommt also darauf an, was man will: Viele kleine Steinchen fest zu einem großen Ganzen fügen; oder die bunten Splitter und Scherben (auch mit Hilfe der Reflexion) sich immer wieder neu anordnen lassen?

Aphorismen sind Probebohrungen ins Denken — des Lesers.

NACHBEMERKUNG

Die hier vorgelegten kurzen Texte, etwas verallgemeinernd Aphorismen genannt, gehen auf einige meiner Notizen aus den letzten dreißig Jahren zurück, die ich gekürzt und erweitert, überarbeitet und ergänzt habe, um mit dieser kleinen Auswahl und grob geordneten Zusammenstellung einen Einblick in mein Denken zu geben, der zum Nachdenken und Weiterdenken anregt.

Obwohl den Notizen, die zu Aphorismen wurden, eine lange und breite Beschäftigung mit vielen Autoren und ihren Texten zu Grunde liegt, zitiere ich fast nichts und verweise auf fast niemanden. Statt mein Auskennen in dieser und jener Debatte unter Beweis zu stellen, wollte ich die Texte für sich selbst sprechen lassen. Das mag naiv oder gar unbedarft erscheinen, ist es gelegentlich wohl auch, im Ganzen aber doch nicht so sehr, wie es eine akademisch verengte Sichtweise nahelegen muss.

Doch wer will schon als Philosophaster erscheinen? Darum gebe ich zu bedenken: Dass man Namen nicht nennt, heißt nicht, dass man sie nicht kennt, und dass man Traditionen und Diskussionen nicht rekapituliert, bedeutet nicht, dass man sich nicht auf sie bezieht. Der kundige Leser weiß ohnehin Bescheid; und wer wenig Vorwissen mitbringt, dem kann es egal sein.

Der lange Zeitraum und die Verschiedenartigkeit der Gelegenheiten ihres Entstehens lassen bei den Texten trotz mancher Überarbeitung gewisse Unebenheiten und Wiederholungen erkennbar werden. Das scheint mir aber nicht weiter schlimm. Denkwege sind so: Man kommt auf etwas zurück, man denkt etwas noch einmal neu und anders.

Möglicherweise wäre bei der Auswahl weniger mehr gewesen, die schiere Textmenge mag manche bedrängen; aber ich gestehe, ich wollte mich möglichst vielseitig präsentieren. Und trotzdem tun sich viele Lücken auf, manches wird nur sehr ungenügend, einiges gar nicht behandelt. Das betrifft allerdings nicht zuletzt solche Themen, über die ich bei anderer Gelegenheit schon geschrieben habe oder noch schreiben möchte. (Oder solche, die mich einfach nicht interessieren.) Auch wer Vieles sagen will, kann nicht alles sagen, zumal wenn er seiner „Geschwätzigkeit" Grenzen setzen will.

Wenn es nach mir geht, werden diesem Aphorisme-Band noch andere und wird ihm noch anderes folgen. Mögen seine Leser und Leserinnen beim Lesen und Nachdenken ihr Vergnügen haben und allerhand Anregungen erfahren — und dann dem Weiteren nicht mit Unmut entgegensehen.

Ich widme dieses Buch allen meinen Weggefährten beim Denkens, auch denen, die vielleicht erst noch kommen.